Käthe Recheis

London 13. Juli

Ausgezeichnet mit dem Österreichischen Staatspreis
für das beste Jugendbuch

Käthe Recheis

LONDON
13. JULI

KERLE

München
Wien

Dieses Buch handelt im Jahr 1939. Es zeigt die Mechanismen auf, wie Terror entsteht und in den Hirnen „ganz normaler Menschen" zu keimen beginnt – eine Spirale von Gewalt und Gegengewalt, aus der schließlich kein Weg mehr zu führen scheint.

Die Terrorszene in Irland ist radikaler geworden, und die Ausschreitungen sind eskaliert, während das eigentliche Anliegen der Katholiken – die politische und soziale Gleichstellung ungeachtet der Religion – immer mehr in den Hintergrund getreten ist. Aber Terror kann niemals die Lösung sein – auch nicht von berechtigten Forderungen wie im Fall der irischen Katholiken.

3. Auflage 1995

Einbandillustration: Karen Holländer
Printed in Hungary
ISBN 3-85303-068-8

1

London, 13. Juli 1939 ... Ich erinnere mich genau an diesen Tag. Es war der Tag, an dem ich zu Madge Cassidy ging, in die Straße mit den rußgeschwärzten Backsteinbauten. Eine Straße, in der es keine Vorgärten gab, wo nur ein paar Fuchsien und Geranienstöcke auf den Fenstersimsen im Staub und in der Hitze des Londoner Sommers dahinwelkten. Ich sehe mich die schäbige Treppe hinaufsteigen, zu der Küche, deren Tür auf den Gang führte.

Weil es kurz nach Mittag war, mischten sich im Treppenhaus die Gerüche aus den verschiedenen Küchen. Auch dieser Geruch ist mir deutlich in Erinnerung. Ich höre noch das Gemurmel von Stimmen hinter der Tür und dann das plötzliche Schweigen, als ich eintrat. Der alte Teekessel fiel aus Madge Cassidys Hand, klirrte auf den Herd. „Hast mir einen schönen Schrecken eingejagt, Noreen, ich dachte schon, es ist die Polizei ...“

Am Abend vorher war Helen sehr spät heimgekommen. Wie immer, wenn Helen länger fortblieb, konnte meine Mutter nicht einschlafen. Sie lief in Nachthemd und Morgenmantel durch die Wohnung, weckte meinen Vater ein- oder zweimal, weil sie sich die schrecklichsten Dinge vorstellte, die Helen zugestoßen sein könnten. Als sie endlich das Klicken des Schlüssels hörte und die leisen Schritte, mit denen Helen sich hereinschleichen wollte, war sie ebenso erleichtert wie zornig.

Sie überfiel Helen mit Fragen: Wo sie denn gewesen sei. Mit wem sie sich getroffen habe. Warum sie nicht vor dem Weggehen gesagt habe, wie lange sie ausbleiben würde. — Wenn meine Mutter erregt war, wurde ihre Stimme hoch, man hörte sie durch das ganze Haus.

Ich lag wach im Bett. Unter der dünnen Decke war mir heiß, denn es kühlte auch nachts nicht ab. Nach einiger Zeit kam Helen. Sie knipste das Licht nicht an, stieß im Dunkeln gegen einen Stuhl, setzte sich auf ihr Bett, daß es knarrte, zog die Schuhe aus und warf sie auf den Boden.

„Du, Helen . . .“, flüsterte ich.

Sie gab keine Antwort, streifte das Kleid ab und schlüpfte in den Pyjama.

„Helen!“

„Laß mich in Ruh! Fang du nicht auch noch an!“

„Ich wollte doch nur wissen . . .“

Helen ließ sich ins Bett fallen. „Ich hab's satt! Du und Ma — ihr macht mich noch verrückt. Dieses ewige Gefrage! Will ich vielleicht dauernd wissen, was du tust?“

Ich drehte mich zur Wand. Das Licht der Straßenlaterne warf durch einen Ritz im Vorhang einen hellen Streifen auf die Tapete. Ich hielt die Augen starr darauf gerichtet, bis er zu flimmern begann. Dann drückte ich die Augen zu und sah gelbe Punkte kreisen, die aber gleich wieder erloschen.

Helens Atem ging gleichmäßig. Ich setzte mich auf, schwang die Beine aus dem Bett und schlich auf Zehenspitzen aus dem Zimmer. Auch über den Gang ging ich auf Zehenspitzen. Auf einmal fröstelte mich.

Die Schlafzimmertür meiner Eltern stand halb offen, die Nachttischlampe brannte. Georgie lag neben meiner Mutter. Er war also auch wach geworden, und Ma hatte ihn zu sich ins Bett geholt. Ich war durstig, trank im Badezimmer ein Glas Wasser und schlich wieder zurück. Der Lichtstreifen stand noch immer über meinem Bett. Ich schaute nicht zu Helen hin.

„Ich hab's nicht so gemeint, Noreen", flüsterte sie.

Meine Zehen waren kalt, und ich bückte mich, um sie warm zu reiben.

„Schön, ich erzähl's, wenn es dir so wichtig ist."

Im Nu war ich neben Helens Bett, kauerte mich auf den kleinen Teppich davor und verachtete mich ein wenig, weil ich so schnell bereit war, Frieden zu schließen. Helen hatte den Kopf in die Hand gestützt, ihr langes Haar berührte mein Gesicht.

„Also, ich war bei einer Freundin. Ihr Cousin war auf Besuch. Wir haben ein bißchen getanzt, und dann war es spät. Die zwei haben mich heimbegleitet. Das ist alles, und wenn Ma nicht so ein Theater machen würde . . ."

„Ma kann einem schon auf die Nerven gehen", pflichtete ich bei.

Helen zuckte die Achseln.

„Ich wollte, es wäre schon August", sagte ich.

„Warum"?

„Weil wir dann nach Barnmouth fahren."

„Dort ist es auch nicht anders." Sie ließ den Kopf aufs Kissen fallen und gähnte. „Sei eine gute Schwester und laß mich endlich schlafen."

Ich rollte mich im Bett zusammen und zog die Decke über den Kopf. Helen hatte nicht recht. In Barnmouth würde es anders sein. Wir fuhren jedes Jahr im August dorthin, wenn mein Vater Urlaub hatte. Ich würde stundenlang im Wasser sein oder im Strandhafer sitzen, würde Muscheln und Krabben im Sand suchen und die Klippen hinauflaufen.

Unter der Decke konnte ich den eigenen Atem spüren, mein Kinn berührte eines der Knie. Die Knie waren zu mager, meine Arme waren zu dünn. Ma behauptete, das wäre so in meinem Alter. Mit fünfzehn sei man entweder zu dick oder zu dünn, ich sollte mir keinen Kummer darüber machen, ich würde mich schon herauswachsen und so hübsch wie Helen werden.

Am Morgen redete niemand von Helens spätem Heimkommen, beim Frühstück sagte mein Vater nur, Ma hätte genug Plage mit uns, wir sollten es ihr nicht noch schwerer machen. Helen trank schweigend ihren Tee. Meine Mutter machte ein unglückliches Gesicht wie immer, wenn Pa uns ermahnte. Wir waren alle froh, als das Frühstück vorbei war. Mein Vater nahm seinen Hut und die Aktentasche und ging ins Büro, Helen und ich flüchteten in unser Zimmer. Georgie wollte unbedingt mit, aber wir sperrten die Tür ab. Er blieb davor stehen und weinte, bis wir ihn doch hereinließen. Helen nahm sich ein Buch, legte sich aufs Bett und las, die Finger in den Ohren. Ich hockte mich neben Georgie auf den Teppich und schaute mit ihm ein Bilderbuch an; er hatte seinen Kummer schon wieder vergessen und wischte sich das nasse Gesicht an meinem Ärmel ab.

Nach dem Mittagessen wollte ich nicht mehr daheimbleiben, und Ma schlug vor, ich sollte in den Hyde Park gehen.

Als ich aus dem Haus trat, sah ich gerade noch meinen Vater um die nächste Ecke gehen, zur Busstation. Ein Auto fuhr langsam vorbei. Der Himmel war von der Mittagshitze entfärbt und hing wie ein verblichener Vorhang über den Dächern. Ich hatte keine Lust, in den Park zu gehen, und strolchte einfach eine Weile durch die Straßen. Mir schien es, als nähme ich die Hitze in kleinen Schlucken zu mir, bis mein Körper von innen her wie ausgetrocknet war. Vor einer Woche hatten die Ferien angefangen, alle meine Schulfreundinnen waren mit ihren Eltern schon fortgefahren, ans Meer oder nach Schottland oder sonstwohin. Ich wußte nicht, was ich tun sollte, bis mir einfiel, daß ich in die Chandlers Lane zu Magde Cassidy gehen könnte.

Madge Cassidy war eine Irin, die jede Woche ein paarmal kam, um meiner Mutter im Hause zu helfen, und uns alle herumkommandierte, nur meinen Vater nicht. Sie hatte ein braunes, runzliges Gesicht, durch ihr graues Haar zogen sich noch vereinzelte rote Strähnen. Meine Großmutter war auch eine Irin gewesen, und Magde erinnerte mich an sie. Früher, besonders in der Zeit nach dem Tod meiner Großmutter, war ich oft zu den Cassidys gegangen und hatte viele Stunden in ihrer winzigen Küche verbracht. Jetzt war ich schon lange nicht mehr dort gewesen.

Die Chandlers Lane lag in einem heruntergekommenen Viertel mit großen Mietshäusern. Eine dicke Staubschicht bedeckte das holprige Pflaster. Am Gehsteigrand standen die Laternenmaste schief da, als wären sie betrunken. Abfall verstopfte den Rinnstein. Die Türschwellen waren ausgetreten und die Fensterrahmen vom Alter verzogen.

Bei Nummer Vier, dem Haus, in dem die Cassidys wohnten, bröckelte das Mauerwerk ab, und die vom Boden aufsteigende Feuchtigkeit hatte faustgroße Löcher in die Backsteinziegel gefressen. Drinnen mußten sich meine Augen erst an das Dämmerlicht in dem langen Flur gewöhnen. Ich stieg die Treppe zum ersten Stock hinauf, und weil es so still im Haus war, trat ich unwillkürlich leiser auf. Schon auf den letzten Stufen vor der Wohnung der Cassidys hörte ich Stimmengemurmel. Ich blieb einen Augenblick stehen, dann klopfte ich an und öffnete die Tür.

In dem plötzlichen Schweigen klirrte der alte Teekessel auf den Herd. „Hast mir einen schönen Schrekken eingejagt, Noreen“, rief Madge. „Ich dachte schon, es ist die Polizei! — Da, schaut her, was ich gemacht habe! So ein guter Kessel, und jetzt hat er eine Delle mehr!“

Um den Küchentisch in der Ecke saßen zwei Burschen und Peadar, ihr Mann. Den einen Burschen hatte ich vor ein paar Tagen mit Magde auf der Straße getroffen, sie hatte mir gesagt, er hieße Donal O'Donovan und wohne seit einem Monat bei ihr. Den anderen hatte ich noch nie gesehen, er konnte nicht viel älter sein als ich, hatte ein sommersprossiges Gesicht und einen roten Haarschopf.

„Madge! Was redest du für Unsinn“, sagte Peadar und streckte die Beine weit von sich. „Was hat denn die Polizei bei uns zu suchen? Was hat denn unsereins mit den Bombenwerfern zu tun? Na, sag's doch selber, Noreen! Nichts haben wir damit zu tun.“ Er schaute mich zwinkernd an. Seine Augen waren klein, er zwinkerte immer, wenn er einen ansah. Das kragenlose

Hemd stand vorne offen, Bartstoppeln bedeckten die untere Hälfte seines Gesichts. Mein Vater sagte, Peadar sei ein Trinker und Magde hätte einen besseren Mann verdient.

„Halt du bloß den Mund!“ wies ihn Madge zurecht. „Noreen weiß recht gut, daß die Polizei nur zu den anständigen Iren kommt und daß wir ...“

„Madge!“ sagte Donal O'Donovan.

Er hatte bisher geschwiegen. Die merkwürdige Gespanntheit, die bei meinem Kommen entstanden war, die ich spürte, mir aber nicht erklären konnte, war von den anderen gewichen, nur nicht von ihm. Er saß mit vorgebeugtem Oberkörper da, hatte die Lippen aufeinandergepreßt und hielt die Hände zu Fäusten geschlossen.

„Madge!“ sagte er ein zweitesmal und ließ mich nicht aus den Augen.

Sie fuhr sich mit der Hand übers Gesicht. „Was rede ich nur!“ sagte sie. „Du hast recht, Peadar, ich rede Unsinn.“ Dann nahm sie einen Lappen und wischte das verspritzte Wasser vom Herd. „Dreißig Jahre habe ich nun den Kessel, Noreen, und weiß noch genau den Tag, als ihn mir Peadar heimbrachte. Eine Delle mehr oder weniger, das macht nichts aus, der tut noch gern und lange seinen Dienst. — Jimmy, sag Noreen guten Tag! Noreen, das ist mein Schwestersohn, Jimmy Finnigan.“

Ich nickte dem Jungen zu. Er rutschte verlegen auf der Bank umher und schaute weg.

„Hat dich deine Mutter hergeschickt, Noreen?“ fragte Madge. „Hast du mir was auszurichten? Heut kann ich nicht kommen, aber morgen schon.“

„Nein“, antwortete ich, „Ma hat mich nicht geschickt. Sie weiß gar nicht, daß ich da bin. Ich bin nur so herumgegangen, und da dachte ich, ich könnte dich besuchen, Madge.“

„Recht hast du und bist mir immer willkommen, und ich würde dich gern bitten zu bleiben. Es ist nur — schau, die Männer haben etwas miteinander zu besprechen. Kommst uns jetzt nicht gelegen, Noreen, aber deswegen darfst du dich nicht kränken.“

Ich kränkte mich doch. Kaum hatte ich die Tür hinter mir zugemacht, hörte ich Donals Stimme, aber so leise, daß ich kein Wort verstand. Draußen auf der Straße ging ich nur zwei oder drei Häuser weiter, dann entdeckte ich in einem Winkel zwischen den Mauern eine umgestülpte Kiste und setzte mich darauf. Vorhin war die Straße ganz einsam gewesen, jetzt spielten auf dem Gehsteig ein paar Kinder, patschten bloßfüßig durch den Rinnstein. Eine magere, gestreifte Katze schlich von Abfallhaufen zu Abfallhaufen. Ihr Schwanz stellte sich steil in die Höhe, sobald sie etwas Freßbares entdeckte, sie schlang die unappetitlichen Brocken gierig hinunter.

Warum hatte Madge mich weggeschickt? Das hatte sie noch nie getan. Es war auch nicht sie gewesen, sondern Donal O'Donovan, der mich nicht da haben wollte. Ihm hatte ich nicht schnell genug wieder fortgehen können.

Wieso war er heute, an einem Wochentag, zu Hause? Wieso saßen sie alle in der Küche beisammen, am Nachmittag, zu einer Zeit, da mein Vater längst schon wieder ins Büro mußte? Peadar hatte vielleicht wieder einmal keine Arbeit. Wohnte Jimmy Finnigan jetzt auch bei Madge? Sie hatte nie erwähnt, daß sie einen Neffen hatte und daß er zu ihr gekommen war. Jetzt, da ich darüber nachdachte, fiel mir auch auf, daß Madge kaum etwas von Donal erzählt hatte, obwohl sie sonst gern und viel sprach. Er sei ein Ire und zum erstenmal in England, das war alles gewesen.

Ein alter Mann, der einen Gemüsekarren schob, schlurfte vorüber. Die Katze war bei Nummer Vier angelangt, untersuchte den Rinnstein davor, duckte sich plötzlich und flüchtete in den Hinterhof. Donal und Jimmy kamen aus dem Haus. Unwillkürlich zog ich den Kopf ein, aber sie gingen, ohne sich umzusehen, in die andere Richtung, zum Ende der Chandlers Lane.

Bevor sie die Straßenecke erreicht hatten, war ich aufgesprungen und folgte ihnen. In den Sandalen mit den Gummisohlen waren meine Schritte nicht zu hören.

Ich ging Donal und Jimmy nach, und sie bemerkten es nicht.

Damit hat alles angefangen.

2

Ich habe mich später oft gefragt, warum ich an jenem Nachmittag Donal und Jimmy nachging. Als Madge von der Polizei sprach, dachte ich mir nicht viel dabei. Hausdurchsuchungen bei irischen Familien waren damals, im Jahr 1939, nicht selten. Seit dem Winter gab es immer wieder Bombenattentate der Irischen Republikanischen Armee, hier in London, in anderen Städten und an der Küste, fast täglich stand etwas in den Zeitungen darüber. Einmal hatte mir Madge ein Flugblatt gebracht, auf dem die IRA *) schrieb, sie würde solange in England kämpfen, bis ganz Irland, auch der Norden, eine freie Republik geworden wäre.

Als mein Vater das Flugblatt sah, warf er es fort und sagte, er wollte so etwas nicht im Haus haben. Danach hatte Madge nie mehr von der IRA gesprochen.

Eigentlich weiß ich gar nicht genau, warum ich Donal und Jimmy folgte, ich kam mir kindisch vor, ging ihnen trotzdem nach und fand es aufregend. Wie lange würden sie mich nicht bemerken? Ich hielt mich eng an die Mauern der Häuser und achtete darauf, daß der Abstand nicht kleiner wurde. Donal und Jimmy hatten es nicht eilig, sie schlenderten zur nächsten Bushaltestelle und blieben dort stehen.

Wenige Meter von der Haltestelle entfernt wucher-

*\) *Irish Republican Army, irische Untergrundarmee.*

ten Sträucher über einen Zaun, das Laub war dicht und verbarg mich, auch wenn einer der beiden zufällig hersehen sollte. In der Hitze strömten die Blätter einen eigenartigen, starken Duft aus, der mich in der Nase kitzelte.

Jimmy Finnigan konnte nicht still stehen, er trat von einem Fuß auf den anderen, steckte die Hände in die Hosentaschen und nahm sie wieder heraus. Seine Stirn war schweißnaß, einmal wischte er sie mit dem Jackenärmel ab. Donal stand ganz ruhig da. Ich sah sein Gesicht von der Seite. Er hatte die Brauen zusammengezogen, und eine dunkle Locke hing über die Falte an der Nasenwurzel.

Bevor der Bus kam, stellten sich noch ein paar Leute an. Jimmy und Donal stiegen ein. Ich wartete, bis ich an die Reihe kam, und drückte mich hinten in eine Ecke. Die beiden standen vorne. Der Bus fuhr rüttelnd über das unebene Straßenpflaster, bei jedem Stoß vibrierten unsere Körper mit. Die Luft im Wagen war stickig und heiß.

Ich hatte ein paar Pence eingesteckt und löste eine Karte. Der Bus fuhr zur Oxfordstreet, zwei Stationen vorher stiegen Jimmy und Donal aus. Falls sie bei der Haltestelle stehen blieben, mußte ich mir eine Ausrede einfallen lassen, sie gingen aber sofort weiter. Ich wollte ihnen einen kleinen Vorsprung geben und sprang erst ab, als der Wagen schon wieder anfuhr, bückte mich hinter eine rote Briefkastensäule und nestelte an meinen Sandalenriemen herum. Dabei ließ ich Jimmy und Donal nicht aus den Augen.

Bevor sie zur nächsten Kreuzung kamen, schwenkte ein Radfahrer um die Ecke und fuhr plötzlich so nahe an den Gehsteig, daß seine Pedale fast den Randstein streiften. Er bremste jäh und hielt an, ohne abzusteigen. Mit einem Fuß auf den Randstein gestützt, drückte er Donal eine braune Aktentasche in die Hand. Kein Wort wurde gewechselt. Dann fuhr er in meiner Richtung weiter, saß jetzt lässig auf seinem Fahrrad und pfiff eine Melodie vor sich hin. Er trug eine karierte Schirmkappe auf dem Kopf und hatte ein hageres, braunes Gesicht mit tiefen Furchen zwischen Nase und Mund.

Donal und Jimmy waren schon ein gutes Stück entfernt. Ich folgte ihnen wieder. Sie gingen anscheinend ziellos, wählten einmal diese, dann jene Straße, oft in der entgegengesetzten Richtung, kamen aber der Oxfordstreet immer näher.

Als wir ganz nahe sein mußten, bogen sie in einen der vielen Höfe ein, wo früher die Wagenremisen der Herrschaftshäuser gewesen waren. Bunte Blumenkistchen hingen vor den Fenstern der einstöckigen Häuser, es war so still wie in einem Dorf. Ich wartete hinter einer Hausecke, bis sich das Geräusch der Schritte entfernt hatte, dann erst wagte ich mich vor. Jimmy und Donal waren verschwunden. Ich lief zu der schmalen Gasse, die aus dem Hof führte: sie war kurz und mündete in die Wigmorestreet, eine Parallelstraße zur Oxfordstreet.

Ich hatte die beiden verloren. Auf der Fahrbahn fuhr ein Auto nach dem anderen vorüber, die Gehsteige waren voller Fußgänger. Vor dem Hintereingang eines der großen Warenhäuser in der Oxfordstreet wurde ein Lastwagen entladen. Nach der Stille im Hof und in der Gasse empfand ich den Lärm besonders laut. Ich blieb eine Weile unschlüssig stehen und schaute umher, sah dann aber ein, daß es sinnlos war, hier nach Jimmy und Donal zu suchen.

Nach Hause zu gehen, hatte ich jetzt noch weniger Lust als vorher. Ich kramte in meiner Tasche nach ein paar Pence für ein Eis oder für Chips, aber ich hatte mein ganzes Geld für die Fahrkarte ausgegeben. Jetzt tat es mir leid, daß ich Donal und Jimmy nicht angesprochen hatte, bei der Bushaltestelle oder nachher irgendwo auf der Straße, ich hätte so tun können, als wäre es ein Zufall, daß ich sie traf.

Ich schaute müßig in ein paar Auslagen, bis ein Bierwagen daherkam und meine Aufmerksamkeit auf sich zog. Ich trat an den Rand des Gehsteigs. Oben auf dem Bock saß der Kutscher in seinem braunen Lederschurz und schmitzte nachlässig mit der Peitsche über die breiten Rücken der Pferde. Ihre Flanken glänzten, ihre Fesseln waren dick und behaart.

Der Wagen rollte vorüber. An der nächsten Straßenecke, nur wenige Meter entfernt, stand eine Telefonhütte. Als der Wagen auf gleicher Höhe war, sah ich in der Hütte ein grelles Licht aufblitzen. Eine Explosion erschütterte sie. Es knallte dumpf. Das Dach flog in die Höhe. Die Seitenwände barsten. Trümmer flogen durch die Luft. Eines der Pferde stieg mit schlagenden Vorderhufen in die Höhe, während der Kutscher brüllend am Zügel riß. Ein Faß polterte auf die Straße, aus einem anderen strömte Bier. Glassplitter klirrten auf die Pflastersteine. Neben mir warf sich ein Mann schreiend nieder und schützte den Kopf mit seinen Armen. Ich wurde zur Seite gestoßen und fiel fast hin.

Plötzlich merkte ich, daß meine Hand blutete, es tat aber nicht weh. Ich preßte die Hand an den Mund und spürte den lauen Blutgeschmack. Dann packte mich jemand am Arm.

Ich schaute auf. Es war Donal.

„Was tust du da?“ fragte er. „Komm hier rein! Die sind ja alle verrückt geworden.“

Fein zersprungenes Glas bedeckte den Gehsteig, lag wie Schnee auf den grauen Steinen. Donal zog mich in einen dunklen Torgang. Ich lehnte mich an die Mauer. Jetzt erst, im Nachhinein, wurden mir Einzelheiten bewußt, die ich vorhin kaum wahrgenommen hatte. Das Bier war aus dem Faß gelaufen, weil ein herumfliegendes Eisenteil ein Loch in die Dauben geschlagen hatte. Neben mir hatte ein Auto so jäh gebremst, daß es quer über die Straße geschlittert und erst zum Stehen gekommen war, als es ein anderes gerammt hatte. Auf dem Gehsteig hatten sich die Menschen gedrängt: die einen wollten flüchten, andere, die weiter entfernt gewesen waren, wollten zur Telefonzelle hin.

Meine Hand blutete fast nicht mehr. Es war nur ein Glassplitter gewesen, der die Haut leicht geritzt hatte.

„Was war denn das?“ fragte ich.

„Keine Ahnung“ sagte Donal.

„In der Telefonhütte ist was explodiert. Glaubst du, daß es eine Bombe war?“

Er zuckte die Achseln.

„Komisch!“ sagte ich.

„Was ist komisch?“

Ich hob die Hand und leckte das Blut ab. „Daß so was geschieht, wenn man dabei ist! Es war bestimmt eine Bombe. Hoffentlich ist dem Pferd nichts passiert."

„Welchem Pferd?"

„Dem vom Bierwagen! Der gerade vorbeigefahren ist!"

„Ich habe nicht hingeschaut", antwortete er.

Die Mauer, an der ich lehnte, war kühl. Hier in den Torgang drang die Hitze nicht herein. Donal stand dicht vor mir. Ich wunderte mich, wie ruhig er war, er schien ganz unbeteiligt zu sein, viel weniger erregt als ich. Wieder hing ihm die Locke auf die Falte zwischen den Brauen. Als er meinen Blick bemerkte, strich er sie zurück; dabei streifte sein Hemdärmel meine Wange.

Die Menschen auf der Straße sahen im Gegenlicht wie schwarze Schatten aus. Ich lauschte auf den Lärm von draußen. Auf einmal kam mir alles unwirklich vor: daß eine Bombe explodiert war und daß ich mit Donal in dem dunklen Torgang stand.

Die Sirene eines Streifenwagen heulte auf. Donal hob jäh den Kopf. „Gehen wir!" sagte er.

Auf dem Gehsteig drängten sich mehr Menschen als zuerst, sie verdeckten den Blick auf die zerstörte Telefonhütte. Der Bierwagen war fort. Flocken rußigen Qualms stiegen auf. Ich wollte fragen, was los gewesen war, wollte mir alles ansehen, aber Donal hatte es plötzlich sehr eilig, von hier wegzukommen. Er hängte sich bei mir ein und zog mich fort.

Eine Kette Polizisten sperrte die Fahrbahn. Es war überhaupt sehr viel Polizei da, ich sah, wie sie Passanten anhielten und Ausweise kontrollierten. Donal ging immer schneller. An der Straßenecke hielt auch uns ein Polizist an und fragte, was wir auf der Wigmorestreet gemacht hätten.

„Bloß so herumspaziert", antwortete ich, „weil Ferien sind."

Donal sagte nichts, er drückte nur meinen Arm fester an sich.

„War es wirklich eine Bombe?" fragte ich, aber der Polizist hatte schon wieder das Interesse an uns verloren und sich abgewandt.

„Bleiben wir doch da!" schlug ich Donal vor.

„Wozu?" sagte er. „Ich mag es nicht, wenn die Leute herumstehen und gaffen."

Wir bogen in die Querstraße ein. Ein paar Häuser weiter ließ Donal meinen Arm los. Meine Hand hatte noch ein wenig geblutet, und auf seinem Hemd war ein roter Fleck.

„Ich habe dir das Hemd blutig gemacht", sagte ich.

Er schaute flüchtig an sich hinunter. „Macht nichts", antwortete er, „das wäscht Madge wieder raus. Hat's dich erwischt? Laß sehen!"

„Es ist nur ein Kratzer."

„Soll ich dich nach Hause bringen?"

„Hast du Zeit?"

„Ja."

Eine Weile gingen wir schweigend nebeneinander her. Bald waren die Straßen ruhig. Es kam mir seltsam vor, daß hier alles so war wie immer, daß nichts von der Aufregung in der Wigmorestreet zu merken war. Nur einmal fuhren zwei Streifenwagen mit eingeschalteten Sirenen an uns vorbei.

Hie und da blinkte irgendwo ein Fensterflügel in der Sonne auf. Die Häuser waren stuckverziert und hatten fast alle Souterrainräume mit betonierten, winzigen Vorhöfen, die unter dem Niveau der Straße lagen. In jeden dieser Vorhöfe führten eiserne Stiegen, deren Geländer mit Blumenkisten und Blumentöpfen behängt waren, man glaubte, an kleinen Gärten vorüberzugehen. Eine Frau schnitt welke Blüten ab, während sie mit einem alten Mann plauderte. Beim nächsten Haus spielte ein kleines Mädchen auf der Eisenstiege, hüpfte mit wippenden dünnen Zöpfen von Stufe zu Stufe.

Wieder fiel mir auf, wie unbeteiligt Donal war. Er stapfte wortlos neben mir her, den Kopf gesenkt. Plötzlich erinnerte ich mich an die braune Aktentasche.

„Wo hast du die Tasche?“ rief ich.

Er schaute auf. „Die Tasche?“ fragte er.

„Ja! Deine Tasche!“

„Ich habe keine.“

„Aber du hast doch ...“

Ich brach mitten im Satz ab. Donal war stehengeblieben. Sein Gesicht hatte sich verändert, er sah mich an, als hätte ich etwas gesagt, das ich nicht hätte sagen dürfen.

„Du hast eine Tasche gehabt“, verteidigte ich mich. Aber ich konnte ihm nicht eingestehen, daß ich ihm und Jimmy gefolgt war und daß ich, hinter dem Briefkasten versteckt, ihn und den Radfahrer beobachtet hatte. „Ich habe dich und Jimmy Finnigan gesehen“, setzte ich rasch hinzu. „Gerade vor der Wigmorestreet. Ihr habt mich nicht bemerkt. Ich wollte zu euch hingehen, aber ihr seid auf einmal weg gewesen.“

„Ach so“, sagte er. „Die Tasche habe ich aber nicht in der Wigmorestreet vergessen. Ich habe sie Jimmy gegeben, er bringt sie einem Freund, dem sie gehört.“

Spatzen badeten im Staub des Rinnsteins, tschilpten

und lärmten. Das Blut an meiner Hand war jetzt verkrustet. „Wozu legt man eine Bombe in eine Telefonhütte?“ fragte ich. „Was hat das für einen Sinn?“

„Vielleicht war es gar keine Bombe.“

„Was soll es sonst gewesen sein?“

„Eine schadhafte Leitung oder so was.“

„Dann wäre nicht so viel Polizei dagewesen.“

„Die sehen doch schon überall die IRA!“

„Es war eine Bombe, da bin ich ganz sicher.“

„Schön, dann war's eben eine. Was geht das mich an?“

„Du bist doch ein Ire.“

Er lachte. „Glaubst du, daß alle Iren in London was mit Bomben zu tun haben?“

„Nein.“

„Dann rede nicht, als wäre es so. Die meisten wollen hier nur arbeiten und ihre Ruhe haben.“

Wir querten die Straße und gingen nun im Schatten der Häuser. Die Luft war nicht so schwül wie auf der Sonnenseite, wo die Mauern die Hitze zurückwarfen.

„Irgendwas hat ein Loch in eins der Fässer geschlagen“, sagte ich. „Das muß ein Eisenstück gewesen sein.“

Donal schwieg. Er schritt schneller aus.

„Woher sind die vielen feinen Glassplitter gekommen?“ fragte ich.

Jetzt antwortete er. Er sagte: „Eine Auslagenscheibe ist zersprungen.“

Ich hatte Mühe, nicht hinter ihm zurückzubleiben. Nach einiger Zeit mäßigte er sein Tempo wieder. Zwischen den Häusern hatten wir einen kurzen Ausblick auf das Kuppelgrün der Bäume eines kleinen Parkes.

„Donal!“

„Was denn?“

„Wenn jemand drin gewesen wäre in der Telefonhütte?“

„Es war niemand drinnen. Ich habe genau gesehen, daß niemand drinnen war.“

Seine Stimme klang gereizt.

„Aber du hast doch gesagt, daß du nicht hingeschaut hast“, stellte ich fest.

„Das habe ich nicht gesagt!“

„Doch! Du hast gesagt, du hättest nicht gesehen, ob dem Pferd von der Bierkutsche etwas passiert ist.“

„Die Bierkutsche ist mir auch nicht aufgefallen.“

„Ich glaube, ein Splitter hat das Pferd verletzt.“

„Kann schon sein.“

Das Pferd hatte sich aufgebäumt, hatte mit den Vorderhufen geschlagen, ob vor Schmerz oder Schreck wußte ich nicht. „Stell dir vor“, sagte ich, „ich hätte gerade telefonieren wollen ...“

„Du hast es aber nicht getan“, unterbrach er mich.

„Oder du selber, Donal.“

„Hör endlich auf damit!“

„Ich meinte doch nur ...“

Er warf mir einen so bösen Blick zu, daß ich nicht weitersprach. Wir waren nun schon ganz nahe von zu Hause. Für jemand, der erst einen Monat in London war, schien Donal sich hier gut auszukennen. Auch als er mit Jimmy kreuz und quer herumgewandert war, hatte ich nicht den Eindruck gehabt, sie hätten den Weg verloren, sondern eher, daß sie ihn genau kannten und nie überlegen mußten, wo sie waren.

Wir bogen in unsere Straße ein. Die Häuser sahen

alle gleich aus, waren einstöckig, weiß verputzt und hatten bunte Tür- und Fensterrahmen, bei jedem Haus in einer anderen Farbe gestrichen. In den kleinen Vorgärten blühten Blumen.

„Dort ist unser Haus“, sagte ich und stieß Donal leicht an, „das mit der roten Tür und den roten Fensterrahmen.“

Er hatte seine schlechte Laune vergessen. „Hier ist es schöner als bei der Cassidys“, sagte er und schaute prüfend umher, hängte sich wieder bei mir ein und ließ meinen Arm erst los, als wir vor dem Haus stehenblieben. Rosie Smith, die Nachbarin, beobachtete uns, ich sah ihr Gesicht hinter den Fenstergardinen.

„Willst du mit hineinkommen?“ fragte ich.

Er schüttelte den Kopf. „Ich muß jetzt heim“, antwortete er.

„Besuch mich einmal!“

„Ist das deinen Eltern recht?“

„Ganz bestimmt!“

„Gut! Vielleicht komme ich einmal mit Madge.“

Wir verabschiedeten uns. Ich schaute ihm nach, bis ich bemerkte, daß sich der Vorhang im Fenster des Nachbarhauses bewegte. Rosie Smith stand noch immer hinter dem Fenster. Ich lief ins Haus hinein und schlug die Tür hinter mir zu.

3

„Bist du es, Noreen?“ hörte ich meine Mutter aus dem Wohnzimmer rufen.

„Ja, Ma“! rief ich zurück. Ich riß die Wohnzimmertür auf. „Wo ist Helen, Ma? Weißt du, was passiert ist ...“

Das Wohnzimmer war abgedunkelt, die Jalousien waren heruntergelassen. Meine Mutter lag auf dem Sofa. „Mußt du die Haustür immer so zuschlagen, Noreen?“ fragte sie.

„Entschuldige, Ma.“ Plötzlich hatte ich keine Lust mehr, von der Wigmorestreet zu reden.

„Ich habe Kopfschmerzen!“ sagte meine Mutter. „Diese Hitze ist ja nicht mehr zu ertragen. Kannst du mich noch ein wenig allein lassen? In der Küche steht Kuchen für dich.“

„Ist Helen nicht da?“

„Sie ist mit Georgie in den Park gegangen. Hast du sie nicht getroffen?“

„Nein, Ma.“

Meine Mutter schloß die Augen und drehte den Kopf zur Wand. Ich ging in die Küche, setzte mich auf den Küchentisch, ließ die Beine baumeln und biß ein Stück vom Kuchen ab. Ich aß langsam, vergaß weiterzuessen und glaubte, alles wieder genau vor mir zu sehen, von dem Augenblick an, als ich Donal und Jimmy folgte. Der Radfahrer mit der Aktentasche ... die Explosion auf der Wigmorestreet ... der dunkle Torgang. Plötzlich hatte Donal nicht mehr bleiben wollen, die Sirene eines Streifenwagens hatte geheult. Die braune Aktentasche ...

Nichts rührte sich im Haus, die Stille war so tief, daß mir vorkam, ich könnte sie hören. Ich sprang vom Tisch. Als ich durch den Flur ging, lauschte ich auf das Geräusch meiner Schritte. Ma mußte mich hören, aber sie rief mich nicht zu sich hinein, sie hatte Kopfschmerzen und wollte Ruhe haben.

In meinem Zimmer legte ich eine Schallplatte auf und ließ sie leise spielen und merkte nicht, als sie zu Ende war. Ich lag auf dem Teppich, das Gesicht in die Hände gestützt. Weder Helen noch Ma würden es je begreifen, warum ich mich in der Chandlers Lane auf eine Kiste gehockt hatte, zwischen Abfall, der in der Hitze stank. Aber das war nicht der Grund, warum ich mir auf einmal vornahm, keinem zu erzählen, was ich erlebt hatte, weder meinem Vater noch meiner Mutter, noch Helen.

„Hast mir einen schönen Schrecken eingejagt“, hatte Madge gesagt.

Und ich hatte mir nichts dabei gedacht.

Ich zupfte an der Wolle des Teppichs, lag da und grübelte.

Am Abend, als wir beim Essen saßen, spielte das Radio. Sobald die Nachrichten kamen, begann der Sprecher mit einer Meldung über das Sprengstoffattentat in der Wigmorestreet. Mein Vater legte Messer und Gabel aus der Hand, stand auf und drehte das Radio ab.

„Pa“, rief ich, „ich will hören, was los war!“

Er setzte sich wieder, ohne das Radio einzuschalten.

„Es geht uns doch nichts an, Noreen“, erklärte meine Mutter. „Warum sollen wir uns das Abendessen verderben lassen? Ich sehe nicht ein, warum man so etwas tut. Noch dazu mitten in der Stadt! Da ist man ja nirgends mehr sicher.“

Ich stocherte an meinem Stück Fleisch herum.

„Warum tun sie es?“ fragte ich.

„Weil sie verrückt sind!“ sagte Helen. „Sollen sie sich doch auf ihrer Insel gegenseitig totschlagen! Ich weine ihnen keine Träne nach, solange sie uns hier in Ruhe lassen.“

„Helen“, sagte mein Vater, „vergiß nicht, daß deine Großmutter eine Irin war.“

„Ich vergesse es schon nicht“, antwortete Helen. „Aber ich kann mich gut erinnern, daß es dir nie recht war, wenn sie von Irland angefangen hat. Stimmt das nicht, Pa? Du wolltest ihre irischen Geschichten auch nicht hören.“

„Helen, wie redest du mit deinem Vater?“ sagte Ma. „Georgie, jetzt hast du die Soße verschüttet!“

„Pa“, sagte ich.

„Ja, Noreen?“

„Warum tun sie es?“

Bevor mein Vater antworten konnte, schrie Georgie: „Peng!“ und zielte mit dem Finger auf mich.

Helen und ich lachten. Meine Mutter meinte, das käme davon, wenn wir in seiner Gegenwart über solche Dinge sprächen.

„Ich möchte wissen, warum sie es tun!“ bestand ich.

„Darüber reden wir ein anderes Mal“, erwiderte mein Vater.

„Warum nicht jetzt?“

Er aß ein paar Bissen und blickte nicht vom Teller auf. „Ich hatte sehr viel Arbeit im Büro", erklärte er dann. „Ich bin müde."

Von der Wigmorestreet und den Iren sprachen wir an diesem Abend nicht mehr.

Ich ging früh zu Bett. Wie in den Tagen vorher hatte es nicht abgekühlt, das heiße Sommerwetter dauerte nun schon wochenlang an. Heute aber hofften wir auf ein Gewitter, weil sich der Himmel gegen Abend zu endlich mit Wolken überzogen hatte.

Ein leichter Windstoß bewegte den Vorhang, ich trat ans Fenster und zog ihn beiseite. Ferne Blitze zuckten auf, ein paar große laue Tropfen fielen. Ich wartete, daß es zu regnen anfinge, aber nur das Wetterleuchten geisterte weiter über den Himmel.

Als Helen kam, lag ich schon wieder im Bett. Sie las noch eine Weile, wenn sie umblätterte, raschelten die Seiten. Sie fragte nicht, wo ich heute gewesen war, sie interessierte sich nie für das, was ich tat.

Er heißt Donal O'Donovan, dachte ich. Das ist ein schöner Name. Er wohnt bei den Cassidys, aber davon hast du keine Ahnung, Helen. Ich war in der Wigmorestreet, als die Bombe explodierte. Der Kratzer da an meiner Hand, der ist von einem Glassplitter. Auf dem Gehsteig lag fein zersprungenes Glas, das hat wie Schnee ausgesehen.

Nun grollte Donner, aber nur schwach. Helen klappte ihr Buch zu. „Ist das schwül!" sagte sie. „Hoffentlich regnet es endlich."

„Heute regnet es bestimmt!"

„So sicher bin ich nicht", antwortete sie verdrossen.

Sie knipste das Licht aus. Ich konnte alles nur noch

als graue Schatten ausnehmen, Helens Bett, den Schrank, die Bilder an der Wand. Bald hörte ich Helens ruhigen, gleichmäßigen Atem. Sie schlief immer schnell ein.

Es konnte kein Zufall gewesen sein, daß Donal in der Wigmorestreet gewesen war, gerade in dem Augenblick, als die Bombe explodierte. Mein Vater hätte das Radio nicht abdrehen sollen. Morgen früh würde ich alles in der Zeitung nachlesen, aber viel mehr als jetzt würde ich dann wahrscheinlich auch nicht wissen.

Helen bewegte sich im Schlaf. Helen hatte die irischen Geschichten meiner Großmutter nie hören wollen, ich aber hatte der Großmutter zugehört, viele Abende lang.

Ich warf mich unruhig im Bett herum und schlief lange nicht ein.

4

Damals, als meine Großmutter starb, war ich erst zehn Jahre alt, aber ich verstand doch schon, daß sie meine Mutter eingeschüchtert hatte. Ich hatte nie Angst vor meiner Großmutter, abends ging ich oft in ihr Zimmer und legte mich zu ihr ins Bett.

Meine Großmutter war in Belfast *) aufgewachsen. Mit achtzehn Jahren kam sie nach London, arbeitete hier als Dienstmädchen und heiratete drei Monate später einen Engländer, einen viel älteren Mann, den sie bei einer Freundin kennengelernt hatte. Ich glaube, sie heiratete ihn nur, weil sie sich in London so einsam fühlte. Sie sprach nie von ihm, sie besaß nicht einmal eine einzige Fotografie, die sie hätte herzeigen können. Bald nach der Heirat verließ er sie, und sie kehrte wieder nach Irland zurück, aber nicht nach dem Norden, sondern nach Dublin **). Dort kam mein Vater auf die Welt.

Mein Vater, so hatte die Großmutter gehofft, würde eines Tages, wenn er erwachsen war, für Irland kämpfen. Statt dessen zog er nach England, heiratete hier meine Mutter und holte die Großmutter nach.

Und er wollte nicht einmal, daß sie von Irland erzählte! Ertappte er sie dabei, konnte er sehr ungehalten sein. Meine Großmutter wagte nicht, ihm zu

*) Hauptstadt von Nordirland.
**) Hauptstadt der Republik Irland. (1948 wurde Irland zur Republik erklärt.)

widersprechen. Sonst war es umgekehrt, niemand widersprach ihr. Aber mein Vater hatte eine Schule besucht, und sie selber konnte kaum noch lesen und schreiben. Er hatte eine gute Stelle, er ging jeden Morgen in dunklem Anzug und weißem Hemd ins Büro. Er sorgte für sie, und sie mußte nicht mehr zu fremden Menschen arbeiten gehen. War mein Vater ungehalten, wurde sie ganz hilflos. Er war ihr aber nie lange böse, und nachher küßte er sie immer.

Irgend jemandem mußte meine Großmutter aber von Irland erzählen. Sie konnte nicht anders. So erzählte sie mir davon. Wir gingen im Park spazieren, ich legte mich abends zu ihr ins Bett, ich liebte es, wenn sie erzählte, und ich verriet sie nie.

Meine Großmutter war ein Katholikin, und in Nordirland stand es schlimm um jene, die katholisch waren. Sie hatten keine Rechte, sie waren arm, und wenn sie verfolgt wurden, kümmerte sich die Polizei nicht darum. „Als ich so alt war wie du“, erzählte meine Großmutter, „da wußte ich schon, wie es ist, wenn man um sein Leben rennt.“

Sie erzählte mir, wie die Iren viele hundert Jahre für ihre Freiheit gekämpft hatten. Sie erzählte mir von der Provinz Ulster, dem Norden Irlands, wo im siebzehnten Jahrhundert die katholischen Iren enteignet oder vertrieben worden waren. Ihr Land und ihren Besitz hatten Protestanten aus Schottland und England bekommen.

Sie erzählte mir von den vielen Aufständen gegen die englische Herrschaft. Den letzten Aufstand gab es 1916, den Osteraufstand in Dublin. Damals wurden Tausende getötet. Zwei Jahre nach diesem Aufstand zog mein Vater nach London, er war nicht mehr in Dublin, als die Engländer 1922 den Iren endlich ein eigenes Parlament und eine eigene Regierung zugestanden. Die Provinz Ulster blieb jedoch bei England. Meine Großmutter sagte, das sei für viele eine große Enttäuschung gewesen, sie hatten auf ein vereinigtes Irland gehofft und auf eine unabhängige Republik. Von dieser Zeit sprach meine Großmutter nicht gern. Die IRA kämpfte weiter, nur nicht mehr gegen die Engländer, sondern gegen die eigene Regierung. Als der Bürgerkrieg ausbrach, fuhr mein Vater nach Dublin und holte die Großmutter. Damals war Helen schon auf der Welt. Zwei Jahre später kam ich, und mein Vater nannte mich Noreen nach meiner Großmutter.

In jener Nacht, als ich so lange wachlag und mich ruhelos im Bett umherwarf, dachte ich an meine Großmutter und erinnerte mich an alles, was sie mir von Irland erzählt hatte.

Am Morgen hatte ich keinen Hunger, ich aß nur wenig, und das Frühstück dauerte mir zu lange, während ich ungeduldig wartete, bis die anderen fertig waren. Sie beeilten sich nicht, für sie war es ein ganz gewöhnlicher Morgen.

Sobald mein Vater vom Tisch aufstand, nahm ich die Zeitung und ging in mein Zimmer. In der Nacht hatte es doch ein wenig geregnet, durch das offene Fenster strömte frische Luft herein. Ich legte mich, wie gestern nachmittag, auf den Teppich und breitete die Zeitung vor mir aus.

Außer einer kurzen Schlagzeile fand ich nichts auf

der ersten Seite, im Sommer 1939 gab es wichtigere Dinge als einen kleinen Terroranschlag der IRA, bei dem nur ein paar Menschen leicht verletzt worden waren und der nur wenig Sachschaden verursacht hatte. Zwei Monate später brach der Krieg aus, aber ich interessierte mich damals kaum für das, was in der Welt vor sich ging. In unserer Familie wurde nicht viel über Politik geredet.

Ich blätterte um, fand den Bericht, den ich suchte, und begann zu lesen. Von der Küche her drangen die Stimmen Helens und meiner Mutter zu mir, im Flur spielte Georgie mit seinem Ball. Der Ball schlug immer wieder dumpf auf den Boden. Ich steckte die Finger in die Ohren wie Helen, wenn sie ungestört lesen wollte, und las den Bericht ein paarmal hintereinander. Einen Satz daraus starrte ich so lange an, bis die Buchstaben vor meinen Augen zu tanzen anfingen. Endlich faltete ich die Zeitung und wollte sie unter die Bettdecke schieben, wo niemand sie finden konnte, ließ es dann aber sein. Warum hätte ich sie verstecken sollen? Meine Mutter und Helen würden sich nichts dabei denken, wenn sie zufällig den Bericht lasen, sie wußten nicht, was ich wußte.

Eine Zeit lang betrachtete ich den Ritzer auf meinem Handrücken und wunderte mich, daß er gestern so stark geblutet hatte. Ich kratzte den Schorf herunter. Winzige Bluttropfen traten hervor.

Heute war einer der Tage, an denen Madge nachmittags bei uns arbeitete. Ich beschloß, nach dem Mittagessen in die Chandlers Lane zu gehen. Vielleicht waren Peadar und Jimmy Finnigan nicht da, vielleicht war Donal allein daheim.

Mittags spürte man nichts mehr vom Regen in der Nacht, es war wieder heiß und schwül. Meine Mutter fragte mich, wohin ich gehen wollte. Ich sagte, ich ginge zu einer Schulfreundin.

Auf den Straßen waren nur wenig Menschen. Der Himmel glich wäßriger Milch. Ich lief fast den ganzen Weg zur Chandlers Lane. Staub bedeckte dort noch immer das Pflaster, der Regen war zu leicht gewesen, um es reinzuwaschen. Die Blätter der paar Geranien und Fuchsien in den Fenstern hingen schlaff herunter. Im Hausflur von Nummer Vier mußte ich erst einmal Atem schöpfen. Ich war verschwitzt, meine Haare waren feucht und strähnig. Ich kämmte sie mit den Fingern und stieg langsam die schäbige Treppe hinauf.

In der Küche der Cassidys war es ganz still. Mein Herz schlug noch immer unangenehm schnell vom Laufen, ich zögerte, fand auf einmal nicht den Mut, an die Tür zu klopfen, lehnte mich ans Treppengeländer und überlegte, ob ich wieder fortgehen sollte. Erst als im oberen Stockwerk jemand über den Gang schlurfte, klopfte ich an und trat rasch ein. Donal saß auf der Bank, eine aufgeschlagene Zeitung vor sich auf dem Tisch. Sonst war niemand hier. Er schaute mich überrascht an. Über ihm, an der Wand, hing die altmodische Uhr der Cassidys und tickte.

„Madge ist nicht da", sagte er.

„Ich weiß es", antwortete ich, „sie ist bei uns.

Er blätterte die nächste Seite der Zeitung auf.

„Gehst du mit mir in den Park?" fragte ich.

„Ich habe keine Zeit", antwortete er.

Er saß da, starrte in seine Zeitung und tat so, als würde er mich kaum kennen. Auf der Wigmorestreet hatte er sich bei mir eingehängt und hatte meinen Arm an sich gedrückt, als ein Polizist uns ansprach. Ich sagte, obwohl ich es nicht sagen wollte: „Gestern war ich dir gerade recht, damit du bei der Polizei durchkommst! Ich habe das schon begriffen, ich bin nicht so dumm."

Ich drehte mich um, warf die Tür hinter mir zu und rannte die Treppe hinunter.

Oben wurde die Tür wieder aufgerissen.

„Noreen!" rief Donal.

Ich sprang die letzten Stufen hinunter und stolperte beinahe. Tränen stiegen mir in die Augen. Ich wischte sie zornig weg.

Donal kam mir nachgelaufen. Bevor ich auf die Straße flüchten konnte, hatte er mich eingeholt und packte mich am Arm. Eine der Türen im Flur öffnete sich einen Spalt, ich sah undeutlich dahinter einen wuscheligen Frauenkopf.

„Du brauchst keine Angst zu haben", sagte ich. „Ich verrate dich nicht."

„Halt den Mund!" stieß er hervor. „Da kann uns jeder hören."

„Laß mich los!"

„Ich muß mit dir reden!"

„Du hast doch keine Zeit!"

Er gab keine Antwort und zog mich aus dem Haus. Im Freien schlug uns die Hitze entgegen. Ein struppiger Köter lief schnüffelnd vorüber. Ich versuchte Donal fortzustoßen, aber sein Griff wurde nur stärker.

„Laß mich los!" sagte ich noch einmal.

Er wiederholte: „Ich muß mit dir reden."

„Schön, dann rede mit mir!"

„Nicht hier."

„Wo sonst?"

„Im Park."

„Du wolltest nicht in den Park gehen."

„Jetzt will ich eben."

Er ließ endlich meinen Arm los. Auf dem Weg zur Haltestelle sprachen wir kein Wort, wir warteten schweigend auf den Bus. Als er kam, stiegen wir ein, Donal zahlte für mich, wir fanden zwei Plätze nebeneinander und setzten uns. Der Wagen schwankte gleichmäßig dahin und rüttelte nur ganz leicht. Ich hielt den Blick aufs Fenster gerichtet.

Bei der Hyde Park Corner stiegen wir aus, und Donal schlug den Weg zum See ein. Wir setzten uns an einer einsamen Stelle am Ufer nieder. Enten schwammen träg auf dem Wasser. Dicht vor uns gründelte ein Enterich mit schwarzen Tupfen auf dem braunen Federkleid und einem metallisch glänzenden rotgrünen Kopf und Hals. Die alten Bäume warfen Schatteninseln, in denen Sonnenflecke flirrten. Jenseits des Parks fuhren Autos auf den Straßen, der Lärm der Stadt war wie ein ferner rauschender Strom, der nie verstummte.

„Warum hast du das gesagt — das mit der Polizei?" fragte Donal.

„Ich habe heute früh die Zeitung gelesen", antwortete ich.

„Was hat das damit zu tun?"

„In der Zeitung stand, daß jemand eine braune Aktentasche in der Telefonzelle ließ. In der Tasche steckte der Sprengkörper. Deine Aktentasche war braun."

Er lachte. „Braune Aktentaschen haben viele. Geh einmal auf die Wigmorestreet und schau dir die Leute an. Und dann zähl, wie viele braune Aktentaschen haben."

„Zuerst hast du sie gehabt und dann nicht mehr."

„Na und? Jimmy hat sie einem Freund gebracht. Du hast zu viel Phantasie, Noreen."

„Nein", antwortete ich, „du bist es gewesen. Ich weiß es. Gestern bei Madge, da habt ihr alle gewollt, daß ich gleich fortgehe. Ich bin aber nicht heimgegangen. Ich hatte keine Lust dazu. Ich habe mich auf eine Kiste gesetzt, in einen Winkel. Dann bist du mit Jimmy aus dem Haus gekommen."

Ich konnte hören, wie Donal tief atmete. Der Enterich gründelte nicht mehr, er hatte den Kopf unters Gefieder gesteckt und lag fast bewegungslos auf dem Wasser.

„Ihr habt mich nicht gesehen", fuhr ich fort. „Ich ging euch nach. Ich bin im selben Bus gefahren. Als ihr ausgestiegen seid, bin ich auch ausgestiegen. Dann kam ein Radfahrer mit einer Schirmkappe, der gab dir die Aktentasche. Ihr seid zur Wigmorestreet gegangen. Dort habe ich euch verloren. Das war ganz nahe von der Telefonzelle. Dann explodierte die Bombe. Und gleich nachher bist du auf einmal dagewesen. Du hast keine Aktentasche mehr gehabt."

Die Sonne stand uns gegenüber am Himmel. Auf dem See tanzten Funken, ein Muster tanzender Funken. Zwei Enten strichen mit langgestreckten Hälsen vorüber.

„Als der Polizist uns fragte", sagte ich, „hast du mich reden lassen. Bei dir hätte man sofort gemerkt, daß du aus Irland bist. Ohne mich wärst du nicht so leicht durchgekommen."

Das Licht war grell und schmerzte in den Augen. Dicht über der Wasserfläche trieben ganze Schwärme winziger Mücken dahin, manchmal schnappte ein Fisch nach ihnen.

„Es war nicht so", sagte Donal. „Ich habe dich nicht benützt, um durchzukommen. Ich hätte längst fort sein können."

Er sprach langsam, machte viele Pausen, sah mich nicht an. „Ich konnte nicht weg, ich weiß nicht, warum. Das Zeug explodierte, und ich stand noch immer da. Dann habe ich dich gesehen. Ich war froh. Ich wollte nicht allein sein. Im Torgang — da sah ich es immer noch vor mir, wie es explodierte. Und als uns der Polizist fragte, habe ich einfach kein Wort herausgebracht. Ich verstehe nicht, warum ich geblieben bin."

„Es macht ja nichts! Niemand weiß, daß du etwas damit zu tun hast."

„Du weißt es."

„Ich verrate dich nicht. Und Madge verrate ich auch nicht."

„Die hat nichts damit zu tun! Das will ich bei der heiligen Jungfrau beschwören. Es war meine Sache, und kein anderer hat was damit zu tun."

„Schwör nicht! Madge und Peadar haben es bestimmt gewußt. Darum schickten sie mich weg. Und Jimmy Finnigan ist mit dir gegangen. Der war mit dir dabei. Und der Radfahrer auch."

Donal wandte mir den Kopf zu, jetzt sah er mich an. „Warum gehst du nicht zur Polizei?" fragte er.

„Das kann ich nicht tun!"

„Warum?“
„Glaubst du, ich würde Madge anzeigen?“
„Bei dir zu Hause hast du es aber erzählt?“
„Nein. Ich habe nichts gesagt. Nicht einmal, daß ich in der Wigmorestreet war.“
„Nichts hast du gesagt?“
„Als ich heimkam, hatte meine Mutter Kopfschmerzen, und Helen war nicht da. Und dann fing ich an nachzudenken. Ich war mir nicht sicher, aber ich wollte nicht davon reden. Heute früh, als ich die Zeitung las, war ich froh, daß ich den Mund gehalten hatte.“
„Du bist ein komisches Mädchen.“
„Wieso?“
„Weil du daheim nichts erzählt hast. Madge hat mir gesagt, daß deine Großmutter eine Irin war. Stimmt das?“
„Ja.“
„Aus dem Norden oder aus dem Süden?“
„Zuerst hat sie in Belfast gelebt und dann in Dublin. Später ist sie zu meinem Vater hierher gezogen. Woher kommst du?“
„Aus Belfast“, antwortete er.
„Ich möchte wissen, warum du es tust“, sagte ich.
„Wenn du in Belfast aufgewachsen wärst, würdest du es verstehen und nicht fragen.“
„Mein Vater redet nie von Irland. Und er wollte auch nicht, daß die Großmutter davon sprach. Mir hat sie aber trotzdem viel erzählt. Einmal mußte sie mitten in der Nacht aus dem Haus flüchten. Im Dezember. Und sie hatte nichts an als nur das Nachthemd. Ich stellte es mir aufregend und schön vor, so was zu erleben.“

„Es ist nicht schön", sagte er bitter. „Meine Eltern, meine Schwester und ich, wir wohnten in einer katholischen Straße. In der nächsten Straße wohnten die Protestanten. Wenn wir zum Bäcker gingen oder zum Milchladen, pfiffen uns oft die Kugeln über den Kopf. Wir gruben Gänge durch die Häusermauern, von Keller zu Keller. Damit wir nicht mehr auf die Straße mußten. Und nachts kamen die B-Specials *)."

Er kniff die Augen zu und starrte über den See. „Wir nannten sie die Mörderbande. Sie hatten die Gesichter mit Ruß angeschmiert und schlichen in Strümpfen daher. Manchmal träume ich davon. Ich wache auf, weil ich schreie. Ich schreie: Mord! Wie damals. Wenn einer von uns sie entdeckte, begann er zu schreien. Die Frauen und Kinder schrien, schlugen auf Pfannen und Töpfe. Weißt du, wie das ist, wenn eine ganze Straße schreit: Mord! Mord! Und es ist nachts und es ist dunkel. Anders wußten wir uns nicht zu helfen. Wenn alle aufgewacht waren, bekamen sie Angst und verschwanden."

Er verschränkte die Arme über den Knien. „Mein Vater wollte sich nicht umbringen lassen, ohne sich zu wehren. Er ging zur IRA. Dann haben wir ihn gefunden. Vor der Stadt draußen, auf einer Müllhalde. Er war nackt. Sein Körper war blutig. In die Stirn hatten sie ihm ein Kreuz geschnitten. Da war ich zwölf. Als ich sechzehn war, kam ich einmal am Abend von der Arbeit heim. Von unserer Wohnung war nicht mehr viel zu sehen. Sie hatten eine Granate durchs

*) B-Special Corps = ein militantes protestantisches Freiwilligencorps in Nordirland.

Fenster geworfen. Ich begrub meine Mutter und meine Schwester. Kannst du da noch fragen, warum ich es tue?"

Er wartete keine Antwort ab. „Ich ging auch zur IRA. Als sie mich fragten, ob ich in England kämpfen würde, habe ich Ja gesagt, und sie schickten mich her. Zuerst arbeitete ich in einer Druckerei. Ich mußte eine Stelle haben, sonst wäre ich gleich vom Anfang an verdächtig gewesen. Jetzt bin ich arbeitslos, das ist mir gerade recht."

„Und wenn du gestern nicht durchgekommen wärst?"

„Dann hätten sie mich eingesperrt. Ist das eine Schande? Es sind schon viele von uns im Gefängnis."

„Ich bin froh, daß sie dich nicht erwischt haben."

„Ehrlich?"

„Ja."

„Ich bin durstig. Du auch? Willst du ein Eis oder was zum Trinken?"

„Lieber ein Eis."

Wir standen auf und schlenderten über den Rasen zu einer der Buden, in denen Eis, Getränke und Chips verkauft wurden. Hier im Park war die Hitze nicht so unerträglich wie in den Straßen, wo Pflastersteine, Asphalt und Mauern eine Backofenglut ausstrahlten.

Donal pfiff vor sich hin. Ich kannte die Melodie nicht und fragte danach.

„Das haben wir daheim immer gesungen", antwortete er. „Es geht so — hör mal!"

Er sang leise:

„Rise up, o dead of Ireland!
And rouse her living men,

The chance will come to us at last
To win our own again,
To sweep the English enemy
From hill and glen and bay,
And in your name, o holy dead,
Our sacred debt to pay!“

„Hast du nicht Angst vor dem Gefängnis?“ fragte ich.

„Nein. Damit muß jeder von uns rechnen. Vorige Woche haben sie einen von uns verurteilt. Er hat vier Jahre bekommen. Und nur, weil sie in seiner Wohnung ein bißchen Sprengstoff gefunden haben. Weißt du, was er heimgeschrieben hat: Er schrieb: Liebe Mutter, sei froh, es hätten ebensogut vier Jahre und vier Monate sein können. Was für ein Glück, daß es nur vier Jahre sind.“

Er pfiff wieder das Lied vor sich hin. „Wenn ich ins Gefängnis komme, werde ich stolz darauf sein“, sagte er.

Seine Augen glänzten.

Am Abend, als ich im Bett lag und Helen in ihrem Buch las, schloß ich die Augen und stellte mir vor, wie Donal, als er nicht älter gewesen war als Georgie, durch Löcher in den Kellerwänden kroch, um Milch und Brot zu holen. Ich stellte mir vor, wie er seinen Vater nackt und blutig auf der Müllhalde vor der Stadt fand, wie er seine Mutter und seine Schwester begrub. Daß er dafür jetzt Bomben in Telefonzellen explodieren ließ, fand ich auf einmal ganz selbstverständlich.

5

Früher hatte ich meist nur dann eine Zeitung in die Hand genommen, wenn mir langweilig war. Am Morgen nach dem Gespräch im Hyde Park konnte ich es wieder kaum erwarten, wie schon am Tag zuvor, bis mein Vater die Zeitung weglegte und ich sie lesen konnte. Ich studierte sie von der ersten bis zur letzten Seite, fand aber keinen Artikel über die IRA oder eine Meldung über irgendein Bombenattentat. Sobald mein Vater ins Büro gegangen war, stahl ich mich in den Keller, wo meine Mutter die alten Zeitungen für die Altpapiersammlung stapelte. Ich hockte mich in einen Winkel und blätterte den Stoß durch.

Ich las Meldungen über Explosionen in Briefkästen, Telefonzellen, Kinos, Postämtern und Elektrizitätswerken, ich las von Sprengstoffunden durch die Polizei. In einem Blatt stand ein Artikel über einen Iren, den die Polizei verhaftete, als er gerade Sprengstoff im Garten vergraben wollte. Freunde hatten ihn gebeten, das Zeug aufzubewahren, er hatte nicht einmal gewußt, was es war, bis er Verdacht schöpfte und Angst bekam. Es war Sprenggelatine gewesen, eine gelbliche Masse, die aussah wie Kitt. In anderen Wohnungen hatte man Aluminiumpulver, Pottasche, Schwarzpulver und Sprengkapseln entdeckt.

Als ich die letzte Zeitung auf den Stoß zurückgelegt hatte, blieb ich sitzen, das Kinn in die Hand gestützt. Donal hatte gesagt, er müsse damit rechnen, ins Gefängnis zu kommen. „Jeder von uns ...“, hatte er gesagt. Madge auch?

Ich hielt es nicht mehr im Keller aus und wollte sofort zu den Cassidys. Bevor ich aber aus dem Haus gehen konnte, rief mich meine Mutter. Sie hatte beschlossen, mir ein neues Strandkleid für Barnmouth zu nähen, und ich mußte ihr dabei helfen. Als ich endlich wegkam, war es spät am Nachmittag. Ich sagte, ich würde wahrscheinlich zum Abendessen nicht heimkommen, sondern erst später. Ma hatte nichts dagegen und meinte nur, ich sollte Madge nicht lästig fallen.

Auf der Straße versuchte ich Donals Lied zu summen, mir fielen aber nur die Anfangstakte ein, das andere hatte ich vergessen. Ich summte die paar Noten immer wieder vor mich hin. Als ich in der Chandlers Lane war, kamen mir die rußgeschwärzten Backsteinhäuser auf einmal nicht mehr so trostlos vor wie gestern. Auch der Geruch der Straße, dieser scharfe Geruch nach Abfall, alten Mauern, Staub und Sommerhitze störte mich nicht mehr.

Die Wohnungstür im Flur neben dem Eingang von Nummer Vier stand halb offen, ich sah den gleichen weißemaillierten Gasherd wie bei den Cassidys, der vom langen Gebrauch gelblich geworden war und ausgeschlagene Ecken hatte. Neben dem Herd schlief ein alter Mann in einem Lehnstuhl, der Kopf auf dem mageren dünnen Hals pendelte hin und her. Auf der ersten Treppenstufe hockte ein kleiner Junge mit verschmiertem Gesicht und zerstrubbeltem Haar, er lutschte am Daumen und starrte mich an, als ich an ihm vorbei die Treppe hochstieg.

Diesmal erschrak Madge nicht.

„Ich dachte schon, du wärst vielleicht böse, Noreen", sagte sie, „weil ich dich weggeschickt habe. Es war nicht so gemeint. Ich wollt's dir gestern sagen, aber du warst nicht daheim."

Ich schaute zu Donal hin. Er hatte also nichts erzählt, dann würde ich auch nicht davon reden.

„Jimmy, rück und mach Platz!" befahl Madge. „Heilige Muttergottes, sei nicht so schüchtern! Ihr könntet Geschwister sein, ihr beiden, so gut paßt ihr im Alter zusammen. Gerade so alt wie ihr zwei waren mein Tom und meine Sarah, als sie nach Amerika gegangen sind. Es tut mir gut, wieder junge Leute daheim zu haben, kannst mir's glauben, Noreen. Das ist manchmal mächtig einsam, wenn man weiß, alle sind tot oder fort, und keins kommt zurück."

Sie schnupfte auf und wischte sich mit dem Handrücken die Nase. Jimmy grinste mich scheu von der Seite an. Donal saß auf der anderen Seite der Eckbank, mir schräg gegenüber. Er hatte mich nur mit einem Kopfnicken begrüßt.

„Mein Pa und meine Ma, die haben zwei Kühe daheim", sagte Jimmy plötzlich. Er heftete den Blick auf das fleckige, brüchige Wachsleintuch, schöpfte Atem und fragte: „Magst du Kühe?"

„Wenn du jetzt ja sagst, Noreen", fiel Donal ein, „wird er nie aufhören, von seiner Bess und seiner Mollser zu reden."

Jimmy wurde bis unter die Haarwurzeln rot, sogar die abstehenden Ohren färbten sich dunkel. Er tat mir leid. „Heißen die Kühe Bess und Mollser?" fragte ich.

„Ja", antwortete er dankbar. „Bess ist braun und

hat einen weißen Fleck auf der Stirn, und Mollser ist schwarz wie der Teufel und hat weiße Beine. So eine schöne Kuh gibt's sonst nicht mehr. Ich möcht wissen, ob sie schon ihr Kalb hat!"

„Wenn du im Herbst heimkommst, dann wirst du es schon herumspringen sehen, Jimmy", sagte Madge. „Er fährt im Herbst wieder heim, Noreen, ist nur eine Zeitlang hergekommen, um zu arbeiten und Geld zu verdienen. Maisie — das ist meine Schwester —, die wollte ihn gar nicht gehen lassen. Er ist ihr Letzter und Einziger. Aber ich habe ihr geschworen, gut auf ihn aufzupassen."

„Im Herbst", sagte Jimmy, „ist das Kalb schon groß und kennt mich noch nicht einmal."

„Mach dir keine Sorgen, das dauert nur ein paar Tage, und es wird dir nachlaufen wie ein Hündchen. Er hat eine gute Hand für die Tiere, Noreen, da kommt ihm nicht so schnell einer nach." Sie holte eine Pfanne aus der Anrichte. „Es gibt Eierkuchen zum Abendessen. Wenn du mitessen willst, bist du uns willkommen. Weiß deine Mutter, daß du hier bist?"

„Ja."

„Du kannst mir beim Kochen helfen. Jimmy, geh zur Kneipe vorn an der Ecke und hol Peadar. Er hat seit heute wieder Arbeit", erklärte sie mir, „und hat mir bei allen Heiligen versprochen, nicht in die Kneipe reinzugehen, aber du weißt ja, wie es ist. Der Mensch ist ein schwaches Geschöpf, und die Versuchung ist groß. Ich spür's in meinen Knochen, daß er ihr heute nicht widerstehen kann."

„Ich hole ihn, Madge", sagte Donal und stand auf. „Komm mit, Noreen!"

„Ist mir recht, wenn du es tust, Donal. Vor dir hat er mehr Respekt als vor Jimmy. Aber hol ihn nur allein und laß Noreen hier."

„Warum soll sie nicht mitkommen?"

Madge strich sich die grauen Strähnen aus dem Gesicht und stemmte die rechte Hand in die Hüfte. „Ich muß mich schon sehr wundern über dich", sagte sie. „Willst du das Mädchen in die Kneipe mitnehmen? Was sollte ich ihrer Mutter sagen, wenn sie das erfährt? Verschwinde jetzt und laß sie mir da!"

„Madge", protestierte ich, „was ist dabei, wenn ich mitgehe?"

„Warst du schon einmal in einer Kneipe? Hat dich dein Vater schon einmal mitgenommen?"

„Nein."

„Siehst du! Und da soll ich dich gehen lassen?"

Sie schob Donal zur Tür. Kaum war er draußen, sprang Jimmy auf und stapfte ihm nach.

„Ja, geht nur alle zwei", sagte Madge zufrieden. „Bring mir jetzt das Mehl, Noreen. Es ist im Speiseschrank, auf der mittleren Stellage."

Der Speiseschrank stand im Schlafzimmer, weil in der Küche kein Platz war. Madge war stolz auf diesen Schrank, sie hatte ihn von ihrer Mutter geerbt und aus Irland mitgebracht. Das Schlafzimmer war nur wenig größer als die Küche, der Schrank und die mächtigen, braunlackierten Ehebetten nahmen fast den ganzen Raum ein. Über den Betten lag eine verschossene und an manchen Stellen fast kahle rote Plüschdecke mit einem eingestickten Rosenmuster. An der Wand hingen ein Farbdruck der St. Patricks-Kathedrale in Dublin, ein buntes Herz-Jesu-Bild, das ein Wachsblumenkranz schmückte, und ein paar Fotografien in schwarzen Rähmchen, Bilder der Cassidy-Kinder, die alle tot oder ausgewandert waren. Eine schmale Tür führte in eine kleine Kammer, in der wahrscheinlich Jimmy und Donal schliefen.

Ich öffnete die wurmstichige Schranktür. Madge hatte die Stellagen mit weißblau kariertem Wachstuch ausgelegt. Auf der mittleren standen ein paar braune Packpapiersäcke, alle ordentlich beschriftet: Zucker, Gries, Graupen, Mehl. Als ich das Mehl herausnahm, schob ich den Sack daneben etwas zur Seite, und er rutschte mir beinahe herunter. Er war groß und schwer, und der Inhalt griff sich teigig an. Ich dachte an den Zeitungsartikel, den ich am Morgen gelesen hatte, warf rasch einen Blick zur Tür und schaute dann verstohlen in den Sack hinein. Eine gelbliche, zähe Masse befand sich darin, die wie Kitt aussah.

„Findest du das Mehl nicht, Noreen?“ rief Madge aus der Küche. „Es steht gleich neben den Graupen.“

„Ich hab’s schon!“ antwortete ich, machte hastig den Sack mit der gelben Masse wieder zu und ging mit dem Mehl in die Küche.

Madge schlug Eier in eine irdene Schüssel, gab Mehl und Milch dazu, und ich verquirlte den Teig, bis er dickflüssig vom Kochlöffel rann. Durch das offene Fenster drang aus einer anderen Wohnung leise Radiomusik. Die Sonne stand tief. Über der fleckigen Feuermauer, die den Hinterhof abschloß, glühte der Himmel gelb.

Dann brach die Musik ab, und fast gleichzeitig polterten unten im Flur Schritte. Madge lächelte. „Das ist Peadar!“ sagte sie, zündete das Gas an und stellte die

Pfanne auf. Das Fett fing zu zischen an. Als Peadar die Tür öffnete, goß ich gerade Teig in die Pfanne.

Peadars schwere Gestalt füllte den Türrahmen, ließ aber doch den Blick auf den Korridor frei. Hinter ihm sah ich nicht Donal und Jimmy, sondern Männer in den schwarzen Uniformen der Polizei. Auf einem der Helme blitzte der Chromstreifen.

Teig tropfte vom Löffel. Peadars rotes Gesicht war mit feinem Schweiß überzogen, seine Wangen zitterten. Madge holte tief Atem. Sie stand vor mir, verdeckte mich. Ich duckte mich, war ins Schlafzimmer geschlüpft und hatte die Tür hinter mir zugezogen, bevor Peadar den Polizisten Platz machte.

Teig tropfte noch immer vom Löffel, tropfte auf den Bretterboden. Ich schob den Löffel unter den Schrank, riß die Schranktür auf und zerrte den Sack heraus. Den Sack, in dem sich eine zähe gelbliche Masse befand, die wie Kitt aussah, aber doch kein Kitt war, und wofür man ins Gefängnis kam, wenn sie gefunden wurde.

Einen Augenblick stand ich da, preßte den Sack an mich und schaute mich hilflos um. Die Stimmen aus der Küche waren so deutlich zu hören, als würde neben mir gesprochen. Trotzdem nahm ich kein Wort auf. In meinen Ohren brauste es, mein Herz klopfte wild. Sollte ich den Sack unter eines der Kissen schieben? Oder ihn unter die Matratze stopfen? Dort fand ihn aber die Polizei bestimmt, da war der Speiseschrank noch ein besseres Versteck.

Jetzt legte draußen jemand die Hand auf die Türklinke, sie wurde leicht niedergedrückt. Ich flüchtete mit dem Sack in die Kammer.

Die Kammer war ein winziger Raum. An der Wand standen zwei eiserne Betten, und vor einer der Ecken war ein Vorhang gespannt. Ich zog ihn zur Seite. Hemden, Hosen und Röcke hingen an einer Stange, auf dem Boden standen ein schwarzer, schäbiger Koffer und ein Paar alter Schuhe.

Sonst war die Kammer vollkommen leer, hier konnte man nichts verstecken. Ich hätte den Sack nie aus dem Schrank herausnehmen dürfen. Vielleicht suchten die Polizisten gar nicht bei den Lebensmitteln, vielleicht verriet ich die Cassidys erst dadurch, daß ich den Sack herausgenommen hatte.

Ich schwitzte am ganzen Körper. Als einziger Fluchtweg blieb das Fenster, aber ich wagte nicht hinunterzuspringen. Der Hof war betoniert und der erste Stock ziemlich hoch. Irgend etwas mußte ich aber tun. Sollte ich den Sack aus dem Fenster werfen? Ich hätte schwören können, daß Sprenggelatine darin war. Explodierte das Zeug, wenn es unten auf den Beton schlug?

Ich glaube, ich war halb verrückt vor Angst. Sie waren nun schon im Schlafzimmer. Sie öffneten den Schrank, sie schoben die Betten beiseite. Ich stieß das Fenster auf, stellte den Sack auf das Sims und kletterte selber hinauf.

Und dann sah ich die Feuerleiter.

Sie führte am Kammerfenster vorbei.

Vor dem Fenster war eine kleine eiserne Plattform. Ich stieg hinaus, holte den Sack nach und drückte das Fenster zu. Die Feuerleiter schwankte. Die eisernen Sprossen waren schmal. Durch den Betonboden unten im Hof zogen sich dunkle Risse, mir wurde schon vom bloßen Hinunterschauen schwindlig. Der Sack war so schwer, daß ich ihn mit beiden Händen halten mußte. Wenn ich auf einer der Sprossen ausrutschte? Ich machte für ein paar Sekunden die Augen zu.

Als ich den Fuß auf die erste Sprosse setzte, sagte jemand hinter mir leise und eindringlich: „Komm zu mir rein! Schnell!"

Ich fuhr zusammen, und der Sack fiel mir fast aus den Händen. Die Plattform der Feuerleiter reichte bis zur Nachbarswohnung. Aus dem Fenster beugte sich ein rothaariger Bursche.

„Gib mir den Sack!" flüsterte er.

Ich weiß nicht, was ich getan hätte, wären die Polizisten nicht eben jetzt in die Kammer gekommen. Einer von ihnen brauchte nur ans Fenster zu treten, dann würde er mich sehen. Ich stieg auf die Plattform zurück, der Bursche nahm mir den Sack ab und half mir, in sein Zimmer zu klettern. Hinter mir schloß er sofort das Fenster.

„Ist die Polizei bei Madge und Peadar?" fragte er.

„Ja."

Er pfiff durch die Zähne. „In dem Sack ist Paxo, nicht wahr?"

Ich sah ihn mißtrauisch an. Ich kannte ihn nicht. Wenn er mich nun ausfragte und dann Madge und Peadar verriet? Wenn er den Sack nahm und hinüberging und ihn den Polizisten zeigte?

„Ich weiß nicht, was Paxo ist", sagte ich.

„So nennen sie doch das Zeug", antwortete er. „Du brauchst keine Angst zu haben, Noreen. Ich will dir helfen."

„Wieso weißt du, wer ich bin?"

„Madge hat mir von dir erzählt."

Er hatte wie Jimmy Sommersprossen auf Wangen und Nase, nur nicht so viele. Daß er meinen Namen wußte, beruhigte mich. Nach seiner Aussprache mußte er ein Ire sein.

„Ich heiße Michael", fuhr er fort. „Die Cassidys sind meine Freunde. Was ist in dem Sack?"

„Ich glaube, es ist Sprenggelatine drinnen", stieß ich hervor.

„Wolltest du damit hinunter in den Hof? Da hätten sie dich todsicher erwischt. Du wärst nicht durchgekommen, bestimmt steht einer Wache."

Er lief zur Tür, schob den Riegel vor, kam wieder zurück und hob den Sack auf. „Das Zeug muß weg", sagte er.

„Kommen sie auch zu dir?"

Er nickte.

„Warum?"

„Himmel, weil ich ein Ire bin! Und du kannst nur beten, daß sie bei den Cassidys noch ein paar Minuten länger brauchen."

Ich schaute mich um. Wo wir hier den Sack verstecken sollten, konnte ich mir so wenig vorstellen wie in der Kammer der Cassidys. Außer dem Bett, einem Tisch und einer Kommode und einem Regal mit Büchern war das Zimmer kahl. In einer Kochnische standen ein Herd und eine Stellage, die Tür der Wohnung führte auf den Gang.

„Was willst du tun?" fragte ich.

„Es im Klo hinunterspülen."

„Und wenn es explodiert?"

„Das explodiert nicht! Dazu würdest du schon eine Sprengkapsel brauchen."

Das Klosett war neben der Kochnische, ein fensterloser Raum, der nur eine Lüftungsklappe hatte. Wir trugen den Sack hinein. Michael nahm eine Handvoll Sprenggelatine und zerkrümelte sie in die Muschel. „Hilf mir!“ sagte er. Ich nahm auch eine Handvoll. Die gelbe Masse griff sich zäh an, ließ sich aber leicht in kleine Brocken teilen. Als der Sack leer war, zog Michael die Spülung, das Wasser rauschte, schäumte, warf Blasen und spülte die Brocken in den Abzug.

Ich stellte mir vor, wie die Sprenggelatine durch das Abflußrohr rann. In Wasser konnte sie bestimmt nicht explodieren. Trotzdem betete ich, das Haus sollte nicht in die Luft fliegen, mit uns allen, mit den Cassidys, den Menschen in den anderen Wohnungen und den Polizisten. Dann betete ich, die Polizisten sollten noch nicht hereinkommen, denn die Hälfte des Paxo war noch in der Muschel.

„Warte mit dem Ziehen!“ sagte Michael. „Das Wasser rinnt nur langsam nach.“

Er schlich zur Wohnungstür und lauschte. Vom Gang her drang kein Laut zu uns, über mir gluckerte es in dem altmodischen, rostigen Wasserbehälter. Es dauerte ewig, bis er sich füllte. Michael kam auf Zehenspitzen zurück, als könnte jeder laute Schritt der Polizei in der Nachbarwohnung verraten, daß wir dabei waren, das Paxo verschwinden zu lassen, nach dem sie suchten. Er hob den Sack auf, glättete ihn und schob ihn unter ein Bündel alter Zeitungen auf der Küchenstellage.

Jetzt endlich hörte das Gluckern oben im Behälter auf.

„Zieh!“ befahl Michael.

Ich zog an der Schnur, aber es knackte nur, und ich spürte keinen Widerstand. Die Schnur ließ sich leer durchziehen. Ich riß. Ich zerrte. Nicht ein Tropfen Wasser floß in die Muschel.

„Verdammt!" fluchte Michael leise.

„Was ist los?"

„Der Schwimmer hat sich ausgeklinkt!"

Er stieg auf die Muschel. Sie hatte von oben bis unten einen Sprung, der schwarz war und von dem viele feine verästelte Sprünge wegliefen. Unten im Sockel war ein Stück Porzellan herausgeschlagen. Die Muschel ächzte unter Michaels Last. Michael reckte sich, etwas knirschte, und der Sprung schien breiter zu werden.

„Beeil dich!" flüsterte ich.

„Tu ich ja!" stieß er zwischen den Zähnen hervor.

Er fingerte oben im Behälter herum. Aus der Wohnung der Cassidys kamen schwache undeutliche Geräusche, ich glaubte, Peadars Stimme zu erkennen.

Michael brauchte endlos lang, bis er heruntersprang. Wieder knirschte die Muschel. Wir griffen gleichzeitig nach der Schnur und zogen gemeinsam an, vorsichtig und behutsam. Diesmal knackte es nicht im Behälter. Das Wasser rauschte in die Muschel und wusch die verräterischen Brocken fort, schwemmte sie hinunter in den Kanal.

Bestimmt hat sich noch nie jemand so über eine funktionierende Wasserspülung gefreut wie Michael und ich. Wir sahen uns an. Michael war weiß im Gesicht, die paar Sommersprossen auf Wangen und Nase hoben sich grell von der blassen Haut ab. Er grinste, ging zur Tür und schob den Riegel zurück.

„Ich geh jetzt zu Madge“, sagte ich.

„Bleib lieber bei mir“, antwortete er. „Je weniger du auffällst, umso besser ist es. Du bist bei mir auf Besuch, das ist alles. Von der ganzen Sache weißt du überhaupt nichts.“

Wir wischten uns die Hände ab und setzten uns an den Tisch. Michael blätterte in einem der Bücher, die darauf lagen. Sein Gesicht hatte wieder Farbe bekommen. Die Polizisten verließen die Wohnung der Cassidys, draußen im Korridor knarrte der Bretterboden. Michael drückte kurz meine Hand. „Wenn was auffliegt, hast du nichts damit zu tun!“ flüsterte er. „Verstehst du? Nichts! Gar nichts!“

Gleich danach kamen sie zu uns, drei Polizisten in Uniform und ein Mann in Zivil. Ich schielte zu Michael hin. Er war ganz ruhig.

„Sind Sie Michael Conway?“ fragte einer der Polizisten, ein älterer Mann mit einem grauen Bärtchen auf der Oberlippe. Er fragte nicht unfreundlich, so, wie man jemand auf der Straße fragt, wenn man die Zeit wissen will oder den Weg nicht weiß.

Michael antwortete, ja, er sei Michael Conway. Der Polizist sagte, sie hätten den Auftrag, in der Chandlers Lane jede Wohnung zu durchsuchen, in der Leute aus Irland lebten. Hier sei die Vollmacht. Er sagte es wieder mit einer ganz gewöhnlichen Stimme, als wäre es etwas Alltägliches, daß man seine Wohnung von der Polizei durchsuchen läßt. Für ihn war es wahrscheinlich auch alltäglich und nichts Besonderes. Michael warf einen flüchtigen Blick auf das Papier und sagte, er hätte nichts dagegen, wenn sie sich bei ihm umschauten.

Ich weiß nicht recht, was ich mir unter einer Hausdurchsuchung vorgestellt hatte: Eine verwüstete Wohnung. Herausgerissene Schubladen. Auf dem Boden verstreute Gegenstände. Es ging aber im Gegenteil sachlich und höflich vor sich. Die Polizisten öffneten die Laden und griffen geschickt den Inhalt ab. Sie schoben das Bett beiseite, hoben Matratze und Decke. Sie schüttelten das Kissen, sie nahmen die Bücher vom Regal und stellten alles wieder ordentlich hin.

Ich hatte keine Angst mehr und schaute interessiert zu. Ein wenig schadenfroh auch, weil sie alles umdrehen konnten und nichts finden würden, weil das, was sie suchten, längst in den Kanal geschwemmt war.

Einer der Polizisten war klein und gedrungen, er hatte ein rundes Gesicht und zwinkerte mir jedesmal zu, wenn sich unsere Blicke begegneten. Nur der Mann in Zivil war mir unsympathisch. Er rührte sich nicht vom Tisch weg und ließ Michael und mich nicht aus den Augen.

Der kleine Polizist untersuchte den Herd, guckte ins Ofenrohr und öffnete dann die Tür zum Klosett. Unwillkürlich sah ich zum Wasserbehälter hinauf, merkte, daß der Kriminalbeamte in Zivil mich beobachtete, und wurde rot, ohne daß ich es wollte. Er trat hinzu, musterte den rostigen Behälter und zog an der Spülung. Dabei machte er den gleichen Fehler wie ich, er zog zu heftig. Wieder knackte es nur, und kein Wasser floß in die Muschel.

„Sie haben den Schwimmer ausgeklinkt", erklärte Michael. „Er ist alt und nicht mehr viel wert."

Der Kriminalbeamte gab keine Antwort. Er stieg auf die Muschel — sie knirschte ärger als zuvor — und vergewisserte sich, ob wirklich nur ein ausgeklinkter

Schwimmer am Versagen der Spülung schuld war. Er sprang wieder herunter, hob den Stoß alter Zeitungen auf und blätterte sie durch. Den braunen Papiersack legte er achtlos beiseite.

Ich dachte: Wenn Sie wüßten, was da drin gewesen ist! Wenn Sie das wüßten, würden Sie jetzt nicht sagen, daß alles erledigt ist und nichts mehr zu tun sei.

Bevor sie gingen, fragte mich der Polizist mit dem Schnurrbart, ob ich hier im Haus wohnte.

„Nein“, antwortete ich.

„Du bist nicht aus Irland?“

„Nein“, sagte ich ein zweitesmal.

Der kleine Polizist zwinkerte mir noch einmal zu, dann schloß sich die Tür hinter ihnen, und wir waren allein, Michael und ich. Ich warf mich aufs Bett und fing zu lachen an, ich konnte nicht anders, ich lachte, bis mir alles weh tat und mir die Tränen herunterliefen. Ich wischte mir das Gesicht mit dem Taschentuch ab. „Den Schwimmer hätte er zumindest einhängen sollen!“ rief ich und lachte wieder.

„Das hätte er tun sollen!“ sagte Michael.

„Ich habe es mir anders vorgestellt.“

„Wie denn?“

„Ich weiß nicht. Anders eben.“

„Es hätte schlimmer sein können“, sagte er. „Die waren schon in Ordnung. Bei dir ist es wohl das erstemal, daß du mit der Polizei zu tun hast, Noreen?“

„Ja.“

„Das erstemal hatte ich schreckliche Angst. Ich war zehn Jahre alt. Es war bei einem Streik. Sie zerschlugen das Geschirr meiner Mutter. Ich weinte, weil ich nicht verstand, warum sie es taten.“

„Bist du auch ...“ Ich stockte.

„Was meinst du?“

„Ob du bei der IRA bist?“

„Damit habe ich nichts zu tun.“

„Wieso hast du dann gewußt, was in dem Sack war?“

„Das war leicht zu erraten. Die Cassidys und ich sind alte Bekannte, die haben keine Geheimnisse vor mir. Und Donal kenne ich schon von Belfast her. Wir waren Freunde. Aber jetzt sollten wir zu Madge gehen. Sie wird sich wundern, wohin du verschwunden bist.“

Die Polizisten waren nicht unbemerkt geblieben. Über das Treppengeländer im oberen Stock beugten sich etliche Neugierige, sahen auf uns herunter und tuschelten. Eine schlampige junge Frau rief vom Treppenabsatz herauf: „Mike, was wollten sie von dir und den Cassidys?“

„Keine Ahnung, Mrs. Evans“, rief Michael zurück. „Die lassen doch keinen Iren mehr in Ruhe.“ Er stupste mich. „Schnell rein“, flüsterte er. „Sonst haben wir das ganze Haus am Hals.“

In der Küche der Cassidys roch es scharf nach Angebranntem. Madge stand am Herd, die Pfanne mit den verkohlten Überresten des Eierkuchens in der Hand. Peadar saß am Tisch. Die Arme hingen ihm schlaff herunter, das buschige Haar klebte naß an seiner Stirn. Seine Augen waren trüb. Jimmy hockte auf der Bank unter der Uhr. Donal lehnte am Fenster, das trotz der Hitze in der Küche fest geschlossen war.

„Heilige Mutter Gottes!“ sagte Madge. „Da bist du ja, Noreen! Ich hab zuerst gar nicht bemerkt, daß du weg bist. Aber wie wir wieder allein waren, frage ich

Peadar und die Jungen, und keiner weiß was von dir. Bist du davongelaufen? Recht hast du gehabt! Mit so was sollst du nichts zu tun haben."

Sie kratzte die verkohlten Reste aus der Pfanne. „Ich habe ganz vergessen, daß die Pfanne auf dem Feuer stand, ich dachte nur, was riecht denn da auf einmal wie der Teufel? Ma'am, sagte einer der Polizisten, Ihr Eierkuchen verbrennt. Es war aber schon zu spät und nichts mehr zu retten. Trotzdem war es nett von dem Burschen. Wo warst du denn die ganze Zeit, Noreen?"

„Sie war bei mir, Madge", antwortete Michael an meiner Stelle. „Wenn du dich ihretwegen sorgst, dann solltest du nichts tun, was dir die Polizei in die Wohnung bringt. Oder Noreen verbieten, jemals wieder zu dir zu kommen."

„Halt den Mund!" rief Peadar. Er erhob sich schwankend, hielt sich am Tisch fest und zog die Hose hinauf, die ihm etwas heruntergerutscht war. „Wir sind anständige Leute! Was muß sich Noreen denken, wenn du so redest?"

„Sie wird sich schon das ihre denken, Peadar. Übrigens waren sie auch bei mir und haben alles umgedreht, was sie nur umdrehen konnten."

Donal hatte mich die ganze Zeit angesehen. Jetzt sagte er: „Bei dir können sie lange suchen, Michael, da gibt es nichts, was zu finden wäre. Nicht bei dir!"

„Du hast recht, Donal", antwortete Michael. „Sie haben nichts gefunden."

„Bei einem, der Angst hat und sich raushält, finden sie nie etwas", sagte Donal laut. Er sah nicht mehr mich an, sondern Michael.

„Dann wundert es mich, daß sie bei dir nichts gefunden haben. Weil du doch keine Angst hast und dich nicht raushältst!"

„Sei still, Mickey!" fiel Madge rasch ein. „Wie redest du auf einmal? Und du sei auch still, Donal. Habt ihr denn vergessen, daß Noreen da ist?"

„Das habe ich nicht vergessen, Madge", sagte Donal, „aber sie weiß es, und sie verrät uns nicht."

„Du bist es also gewesen, der ihr gesagt hat, daß ihr Paxo habt", sagte Michael. „Das habe ich mir gedacht!"

Sie starrten mich an. Alle starrten mich an, Madge und Peadar und Jimmy. Zuerst starrten sie mich an und dann Donal, als könnten sie nicht glauben, was er getan hatte.

„Er hat es mir nicht gesagt!" rief ich. „Nicht vom Paxo! Er hat mir nur erzählt, daß einer ins Gefängnis kam, weil er Sprengstoff daheim hatte. Madge, ich habe den Sack gesehen, als ich das Mehl holte. Ich bin aus dem Fenster geklettert, auf die Feuerleiter, und Michael hat mich gehört. Wir haben alles im Klo hinuntergespült."

Es war sehr still in der Küche. Madge ging zur Bank und setzte sich nieder. „Das hast du für uns getan, Noreen? Heilige Mutter Gottes, wenn sie dich erwischt hätten!" murmelte sie. „Als sie den Schrank aufmachten, dachte ich, jetzt ist es aus. Aus und vorbei. Aber der Sack mit dem Paxo war nicht mehr da. Ich habe es nicht begreifen können, habe nicht gewußt, wie mir ist. Ich habe gedacht, es wäre ein Wunder."

„Wunder gibt es nicht, Madge", sagte Michael.

„Was verstehst du schon davon, Mickey? Bist ein guter Junge, aber ein Protestant, und ich weiß recht gut, daß ihr nicht an Wunder glaubt. Ich sag dir aber, es ist eines gewesen. Jetzt erst recht sage ich es! Wenn ein Mädchen, das nichts von solchen Dingen wissen sollte, etwas tut, das kaum ein Mann zu tun wagen würde? Und nicht für sich oder für ihren Pa oder ihre Ma — was noch zu verstehen wäre! Sondern für andere, die nicht einmal verwandt mit ihr sind."

„Madge", fiel Donal ein, „es ist ein noch größeres Wunder, daß Mickey auch nur ein Stäubchen Paxo in die Hand nimmt, wenn die Polizei im Haus ist."

„Für dich hätte ich es auch nicht in die Hand genommen, Donal!"

„Streitet nicht!" mahnte Peadar. „Gib Ruh, Donal! War mächtig anständig von Mickey und Noreen!" Seine Augen wurden feucht, er schnupfte auf. An den wimperlosen Lidern hingen Tränen. „Hab geglaubt, jetzt kannst nur noch ein Ave-Maria beten, und dann schnappen sie dich und Madge und die armen Jungen. Ich bin in der Kneipe gesessen und hab mir ein Glas vergönnt. Nur ein Glas, Madge, ich schwör's dir! Dann sind Jimmy und Donal gekommen, und als wir ins Haus reinwollten, ist die Polizei dagestanden. Wir haben uns schnell verdrücken wollen, aber sie sind mit uns raufgekommen. Und nun steh ich da und bin noch immer so frei wie eine Sumpfdrossel, die übers Moor fliegt. Komm, Noreen, laß dich umarmen!" Er preßte mich an seinen wabbeligen Bauch und drückte die nassen Wangen an mein Gesicht. Sein Atem roch nach Bier. Die Bartstoppeln kitzelten mich.

Er ließ mich erst los, als Madge meinte, es sei genug, und ihn zur Bank schob, wo er schwer niederplumpste. Dann wurden wir alle sehr vergnügt. Wir holten mit großem Gelächter den Kochlöffel unter dem Schrank hervor, buken die Eierkuchen heraus und aßen sie frisch und knusprig aus der Pfanne. Madge spendierte jedem von uns ein Glas Gin. Wir tranken auf die Polizisten, weil sie nichts gefunden hatten, und wir tranken auf den Kriminalbeamten, der den Sack beiseitegelegt hatte, ohne zu ahnen, was drinnen gewesen war.

Nachdem Madge und Peadar, Jimmy und Donal genug von diesem Abend geredet hatten, erzählten sie Geschichten von anderen wunderbaren Ereignissen, denn für sie blieb es ein Wunder, daß sie hier um den Tisch beisammen saßen, lachten, aßen und tranken und nicht verhaftet worden waren wie so viele ihrer Freunde. „Glaub nur ja nicht, Noreen", sagte Madge, „daß wir immer so ein Zeug hier haben. Einer der unseren hat mich nur gebeten, es ein paar Tage aufzuheben. Aber jetzt kommt mir kein Paxo mehr in die Wohnung!"

Sie hatte das Fenster geöffnet. Der Abend dämmerte, verwischte die Konturen der Feuermauer. Ich saß zwischen Donal und Jimmy. Irgendwann einmal verschwand Michael. Ich vermißte ihn nicht. Ich war glücklich. Viel zu früh sagte Madge, daß es nun Zeit für mich sei, nach Hause zu gehen.

Sie beschlossen, mich alle gemeinsam heimzubegleiten. Bevor wir gingen, fiel mir ein, daß ich mein Taschentuch in Michaels Zimmer vergessen hatte. Ich lief zu ihm hinüber.

Er saß am Tisch und las in einem seiner Bücher. Eine kleine Lampe brannte. Als ich eintrat, blickte er auf und lächelte.

„Ich habe das Taschentuch vergessen", sagte ich.

Das Taschentuch lag auf dem Bett. Die Decke war noch verschoben, das Leintuch hing über die Matratze. Ich steckte das Taschentuch ein.

„Gute Nacht, Michael."

Er war am Tisch sitzengeblieben. Die Lampe beleuchtete sein Gesicht. Außerhalb des Lichtkreises lag das Zimmer im Dunkeln. „Geh nicht mehr zu den Cassidys", bat er. „Du weißt nicht, in was du dich einläßt."

„Ich weiß es recht gut", antwortete ich. Er hatte kein Recht, so zu reden.

„Nein, du weißt es nicht. Was sie tun, hilft niemandem. Sie bringen nur sich selber und andere in Gefahr. Ich wünschte, Madge und Peadar würden das begreifen."

„Donal hat gesagt ..."

„Hör nicht auf ihn!" unterbrach er mich. „Er ist wie besessen!"

„Das ist nicht wahr!" rief ich. „Du bist gemein!" Ich lief aus dem Zimmer und warf die Tür hinter mir zu. Draußen im Gang warteten schon die anderen. Als wir die Treppe hinuntergingen, hängte sich Donal bei mir ein. Ich sagte kein Wort von Michael.

Der Himmel über den Dächern war nachtblau. Die krummen Laternenmaste säumten die Straße und warfen Lichtkegel auf den Gehsteig. Nachtmotten umtanzten die schmutzigen Lampen. Die Abendkühle hatte die Bewohner von Chandlers Lane auf die Straße gelockt, wir mußten immer wieder stehen bleiben, jemanden begrüßen oder ein paar Worte wechseln.

Als ich heimkam, war Helen noch nicht zu Hause. Georgie legte im Wohnzimmer eines seiner Puzzles.

Mein Vater las die Zeitung, meine Mutter blätterte in einem Journal. Ich setzte mich aufs Sofa und zog die Beine hoch. Das helle Licht der Deckenlampe ließ es draußen dunkler erscheinen, als es in Wirklichkeit war; die Fenster des Wohnzimmers gingen auf den Rasenplatz vor dem Haus, der im Schein der Straßenlaterne lag. Rosies roter Kater strich maunzend im Vorgarten herum. Die Abendluft, die durch das offene Fenster hereinkam, schmeckte nach Laub, nach Gras, nach Blumen. Nicht so wie bei den Cassidys, wo es immer nach alten Mauern roch, nach Abfällen, nach Küchendunst und schlecht gelüfteten, überfüllten Wohnungen.

„Willst du noch was essen, Noreen?“ fragte meine Mutter.

„Nein, Ma. Ich habe keinen Hunger.“

„Warum sitzt du so herum? Spiel doch mit Georgie!“ sagte sie.

Ich half Georgie bei seinem Puzzle, suchte in den bunten Kartonstückchen, fischte manchmal falsche heraus und manchmal solche, die paßten. Hätte die Großmutter noch gelebt, ich wäre jetzt zu ihr gegangen.

Meine Großmutter hatte Geschichten aus einer alten Zeit erzählt, als sie selber noch jung gewesen war. Donal war nur ein paar Jahre älter als ich. Seine Geschichten glichen denen der Großmutter. Du weißt nicht, in was du dich einläßt, hatte Michael gesagt. Vor dreihundert Jahren hatte man in Nordirland den katholischen Iren das Land weggenommen, hatte Protestanten aus Schottland und England angesiedelt. Dreihundert Jahre waren eine lange Zeit, und noch immer wurden die Katholiken im Norden unterdrückt.

Michael war ein Protestant, Madge hatte es gesagt. Vielleicht konnte er es deshalb nicht verstehen, wie Donal zumute war? Weil er selber nicht verfolgt wurde? Trotzdem hatte er den Cassidys geholfen.

Ich ging schlafen, bevor Helen kam. Im Bett war mir heiß, ich schlug die Decke zurück. Ich dachte an Barnmouth, an das Meer, die Möwen, die Klippen und die Sandbucht. In Barnmouth würde ich weit fort von den Cassidys und Donal sein und würde nicht wissen, was mit ihnen geschah.

Ich rollte mich zusammen und schloß die Augen.

6

Am nächsten Morgen hatte meine Mutter wieder Kopfschmerzen und legte sich im verdunkelten Wohnzimmer aufs Sofa. Helen und ich gingen einkaufen und kochten das Mittagessen. Nach dem Essen schlug meine Mutter vor, ich sollte mit Georgie spazieren gehen.

„Ich muß zu Madge", antwortete ich.

„Du warst doch erst gestern bei ihr, Noreen. Wenn du so oft zu ihr gehst, wirst du ihr lästig fallen."

„Ganz bestimmt nicht, Ma. Sie will ja, daß ich komme. Weil ... weil ihr Neffe da ist. Er heißt Jimmy und ist zum erstenmal in London und darum ... ich meine, wenn ich bei Madge bin, ist er nicht allein. Verstehst du, Ma?"

„Warum hat sie nichts davon gesagt, daß ihr Neffe da ist?" fragte meine Mutter. „Wir müssen ihn einmal einladen. Selbstverständlich kannst du zu ihr gehen, wenn sie dich darum gebeten hat."

Bei den Cassidys war aber niemand daheim. Die Tür war zugesperrt, obwohl Madge sonst selten abschloß. Ich setzte mich enttäuscht auf die oberste Stufe der Treppe und wartete. Im Haus schien es ganz still zu sein, aber wenn man genauer hinhorchte, vernahm man doch schwache Geräusche. In der Wohnung neben dem Treppenabsatz klapperte Geschirr. Wasser rauschte, jemand hatte einen Hahn aufgedreht. In der Wohnung des alten Mannes wurde ein Fenster geschlossen. Irgendwo lachten Kinder, ein Hund winselte im oberen Stockwerk. Dann hörte ich deutlich, wie in Michaels Zimmer ein Sessel gerückt wurde. Michael war also daheim.

Die braune Farbe seiner Wohnungstür blätterte ab und war voller Blasen und Risse. Ein feuchter Fleck in der Mauer darüber glich einem Tierkopf.

Ich stützte den Kopf in die Hände. Unten, im fensterlosen Flur, fiel vom Eingang her ein schwacher Lichtstreifen, der bis zum Treppenabsatz reichte. Ich schaute wieder Michaels Tür an und betrachtete den Tierkopffleck in der Mauer, stand auf, stand eine Weile da und klopfte schließlich an. Michael öffnete.

„Ich wollte zu Madge ...“, sagte ich verlegen.

„Ist niemand daheim?“ fragte er.

„Nein. Weißt du, wann Madge kommt?“

Er schüttelte den Kopf. „Willst du bei mir warten?“

„Stör ich dich nicht?“

„Nein“, sagte er. „Mir war gerade langweilig. Setz dich aufs Bett. Dort ist es bequemer. Die Stühle sind ziemlich wacklig.“

Heute war die Decke ordentlich über das Bett gebreitet, das Leintuch hing nicht über die Matratze. Wir setzten uns nebeneinander hin. Ich wartete, daß er etwas sagen würde, aber er saß nur da und sah mich an.

„Warum bist du nicht bei der Arbeit?“ fragte ich, weil mir nichts anderes einfiel.

Er antwortete: „Ich gehe immer nur so lange arbeiten, bis ich wieder genug Geld habe, um meinen Eltern etwas zu schicken und ein paar Wochen davon zu leben. Ich brauche nicht viel.“

„Und was tust du, wenn du nicht arbeitest?“

„Dann lese und studiere ich.“

„Warum?"

„Weil meine Eltern mich auf keine Schule schicken konnten, und ich mehr wissen muß, wenn ich einmal das werden will, was ich mir vorgenommen habe."

„Was denn?"

„Ich will in die Politik."

„Hältst du dich deswegen raus?"

Er lehnte sich zurück und steckte die Hände in die Hosentaschen. „Hat das Donal behauptet?"

„Nein, wir haben nie darüber geredet, daß du dich für Politik interessierst."

„Das ist auch nicht der Grund, warum ich mich raushalte."

„Und warum machst du nicht mit?"

„Du willst aber viel von mir wissen."

Ich wurde rot. „Ich habe nur gefragt ..."

Er nahm die Hände aus den Taschen. „Ich glaube nicht daran", sagte er, „daß etwas besser wird, wenn man sich gegenseitig umbringt."

„Wenn deine Familie getötet worden wäre wie die von Donal, würdest du da nicht anders denken?"

Er zeichnete mit dem Finger der rechten Hand Kreise und Linien auf die Bettdecke. „Ich weiß es nicht", gestand er.

„Ich kann Donal verstehen."

„Verstehen kann ich ihn auch."

„Wenn du ihn verstehen kannst ..."

„Etwas verstehen, heißt nicht, es auch billigen", unterbrach er mich. „Oder es selber tun."

„Vielleicht ist es für dich anders, weil du nicht katholisch bist", sagte ich zögernd.

„Es hat genug Protestanten in Irland gegeben, die

gegen die Engländer kämpften. Denk an Tone Wolfe! *) Mit Religion hat es jetzt nicht mehr viel zu tun."

„Womit denn?"

„Vor allem damit, daß es in Nordirland keine soziale Gerechtigkeit für die Katholiken gibt. Ihr Engländer wollt es auch nicht anders haben. Solange sich Katholiken und Protestanten nicht vertragen, ist eure Herrschaft nicht gefährdet."

„Meine Großmutter war eine Irin", verteidigte ich mich.

„Deine Großmutter vielleicht! Aber du nicht! Du bist in England geboren und hast nie in Irland gelebt. Ich bin ein Ire und noch dazu einer aus dem Norden. Glaubst du, ich weiß nicht, warum die Protestanten in Ulster bei England bleiben wollen?"

„Warum?"

„Weil sie immer die Katholiken unterdrückten und Angst haben, daß es ihnen heimgezahlt werden könnte. In einem vereinigten Irland wären sie in der Minderheit. Darum bleiben sie bei England, und darum ändern sie die alten Gesetze nicht."

„Welche?" fragte ich.

„Das Wahlrecht zum Beispiel. Wer genug Geld hat, dessen Stimme zählt mehr."

Sein Gesicht veränderte sich wie Donals Gesicht im Park. Hatte Michael Erinnerungen wie Donal? Was hatte mein Vater erlebt, als er bei der Großmutter in Irland aufwuchs? Zum erstenmal dachte ich daran, daß es einen Grund geben mußte, warum er nie davon sprechen wollte.

*) Protestantischer Freiheitskämpfer, der für die Emanzipation der Katholiken in Irland eintrat.

„Viele Katholiken in Ulster sind arm“, fuhr Michael fort. „Durch das Wahlrecht sind sie benachteiligt, verstehst du das?“

„Ja. Aber du bist protestantisch und hast auch nicht viel Geld.“

Michael lächelte. „Mein Vater war ein Landarbeiter“, erklärte er, „wir hatten es nicht besser als die anderen.“

„Woher kommst du?“

„Aus einem kleinen Dorf in Antrim. Mein Vater war der einzige Protestant dort. Es war nicht immer leicht für uns, das kannst du mir glauben. Dann wurde im nächsten Dorf ein IRA-Mann erschossen. Unsere Nachbarn haben dafür meinen Vater zusammengeschlagen. Niemand redete mehr mit uns. Meine Eltern zogen nach Belfast. Und dort habe ich gesehen, wie sie Katholiken zusammenschlugen. Nicht nur einmal. Ich habe es zu oft gesehen.“

Er streckte sich auf dem Bett aus. „Meine Mutter hatte einen Bruder, Noreen, der war in Dublin beim Osteraufstand dabei. Ein paar Jahre später haben sie ihn getötet, seine eigenen Freunde, mit denen er gemeinsam gekämpft hatte. Das war im Bürgerkrieg. Wir haben zu lange mit der Gewalt gelebt. Für einen Toten ermorden die anderen zwei, und für die zwei müssen wieder welche sterben. Ich kann nicht wie Madge und Donal mitmachen!“

„Sie haben niemanden umgebracht“, sagte ich.

„Noch nicht!“ antwortete er.

„Sie werden es nie tun!“

„Bist du sicher?“

„Du hast selber mitgeholfen, daß die Polizei das

Paxo nicht findet. Warum hast du es getan, wenn du so dagegen bist?"

Er lachte. „Vielleicht weil ich finde, daß es die beste Verwendung für Paxo ist, es im Klo hinunterzuspülen."

Die heiße flirrende Luft füllte den Fensterrahmen, Staubkörnchen tanzten in den Sonnenbahnen.

„Madge und Donal tun wenigstens etwas ...", sagte ich.

„Und du meinst, daß ich nichts tue? Warum glaubst du, daß ich in die Politik will? Mit Bombenwerfen alleine wird es nur schlimmer. Wenn keiner aufhört, ist es in zwanzig und dreißig Jahren ärger als heute. Denk darüber nach! Aber jetzt bin ich hungrig, ich habe noch nicht gegessen. Willst du auch Tee haben?"

„Vielleicht ist Madge schon zurück?"

„Du kannst ja nachsehen", schlug er vor. „Wenn sie nicht da ist, komm wieder zu mir herüber."

Die Tür der Cassidys war noch immer versperrt. Ich wußte nicht, ob ich enttäuscht war oder ob ich nicht ganz gern noch eine Weile bei Michael blieb. Als ich wieder in sein Zimmer kam, stellte er in der winzigen Küche eben Wasser auf.

„In der Kommode sind die Tassen", rief er. „Zucker auch. Und ein paar Biskuits."

Die Kommode hatte nur drei Fächer. Im obersten Fach lag ein kleiner Stoß Wäsche, daneben standen zwei Tassen — eine mit abgebrochenem Henkel —, eine alte Zuckerdose und ein Teller mit Biskuits. Ich deckte den Tisch. Michael brachte Tee und Kondensmilch.

„Die Biskuits sind schon staubtrocken", stellte er fest.

„Macht nichts“, antwortete ich.

„Bleibt ihr den ganzen Sommer hier in London, du und deine Leute?“

„Im August fahren wir ans Meer.“

„Unser Dorf daheim liegt am Meer. Manchmal habe ich richtig Heimweh danach. Die Küste ist steinig, bei Ebbe kann man weit hinaus. Ich suchte mit den anderen Dorfjungen nach Muscheln und Krabben. Die Steine waren glitschig, man mußte gut aufpassen, daß man nicht hinfiel und sich die Knie blutig schlug. In der Nähe unserer Hütte waren Klippen. Wenn es stürmisch war, lief ich immer hinauf.“

„Hat dir das in Belfast nicht gefehlt?“

„Sehr! Und ich habe die Kühe vermißt und die Schafherden im Moor, das Wollgras und den Ginster.“

„Jimmy redet immer von seinen Kühen!“

„Er hätte daheim bleiben sollen.“

„Ja, das glaube ich auch. Warum bist du in London?“

„Weil ich hier leichter Geld verdienen kann“, antwortete er.

Um fünf Uhr waren die Cassidys noch immer nicht da. Peadar war bestimmt auf seinem Arbeitsplatz, und Madge war vielleicht bei einer der anderen Familien, wo sie wie bei uns im Haushalt half. Warum aber waren Donal und Jimmy den ganzen Nachmittag fort? Ich mußte heimgehen. Michael meinte, er wäre lange genug in seinem Zimmer über den Büchern gehockt, und wir beschlossen, daß er mich ein Stück begleiten sollte.

„Kann ich Madge etwas ausrichten?“ fragte er, als wir auf den Gang hinaus traten.

„Nein. Ich komme morgen wieder. Ich weiß sowieso nicht, was ich sonst tun soll."

Er lief die Treppe voraus hinunter, nahm immer zwei Stufen auf einmal. „Das möchte ich auch einmal von mir behaupten können", rief er zurück.

Die Schwüle hatte nachgelassen, Dunst verschleierte den Himmel und die Sonne, die Schatten waren weich. In einem der Vorgärten, an denen wir vorbeigingen, wuchs ein Hagedornstrauch. Michael blieb stehen.

„Am Ende der Straße in Belfast, in der ich wohnte", sagte er, „stand so ein Hagedornstrauch in einem verwilderten Grundstück. Uns allen bedeutete er etwas. Wenn er die ersten Blätter ansetzte, war der Frost vorbei. Und wenn er blühte, war es nicht mehr weit zum Sommer."

Er schaute sich rasch um, und da an allen Fenstern des Hauses die Jalousien geschlossen waren, brach er einen Zweig ab und gab ihn mir.

„Ich kannte einen", behauptete er, „der meinte immer, daß man die Blumen stehlen sollte, die man einem Mädchen schenkt."

„Das ist aber keine Blume!"

„So gut wie eine! Wenn du aber willst, steig ich in den nächsten Garten ein und plündere ein ganzes Beet."

„Wenn du das tust", sagte ich, „lauf ich davon und laß dich stehen."

„Und ich lauf dir nach und hol dich an der nächsten Ecke wieder ein."

„Probier's doch!" rief ich und lief los.

Er holte mich erst an der übernächsten Ecke ein, faßte meine Hand, und wir hörten beide gleichzeitig zu laufen auf. Eine Weile hielten wir uns an den Händen und schlenkerten die Arme im Rhythmus unserer Schritte. Dann fiel mir Donal ein, und ich zog die Hand zurück.

„Kennst du Donal schon lange?“ fragte ich.

„Ja. Seitdem meine Eltern von Antrim nach Belfast zogen.“

„Und wie habt ihr euch kennengelernt?“

„Mein Vater und sein Vater arbeiteten in derselben Fabrik. Einmal kamen bewaffnete Männer und wollten wissen, wer hier Mickies *) seien. Mein Vater dachte, es wären B-Specials oder Ulster Volunteers **), er verriet Donals Vater nicht. Es waren aber keine B-Specials, sondern IRA-Leute, die als Vergeltung ein paar Protestanten erschießen wollten. Nach den Mickies hatten sie nur gefragt, damit sie nicht die falschen Opfer erwischten. Donals Vater kannte sie und schickte sie weg. Daraufhin wurden er und mein Vater Freunde.“

„Wie war sein Vater?“

„Ich hatte ihn sehr gern.“

„Sieht Donal ihm ähnlich?“

„Ja“, sagte Michael.

Ich wollte weiterfragen, aber wir waren nun in unsere Straße gekommen, Michael schaute sich die Häuser und die Vorgärten an und rief: „Schön wohnst du!“

„Donal gefällt es auch“, antwortete ich. Mir war bisher unsere Straße nie als etwas Besonderes vorgekommen. Das Haus war eben unser Haus, und die

*) Katholiken.

**) Protestantische Freiwilligentruppe.

Straße war die Straße, in der ich immer gewohnt hatte, das Haus sah aus wie Dutzende anderer Häuser in dieser Gegend, und die Straße unterschied sich auch nicht sehr von den anderen Straßen.

Trotzdem freute ich mich! Ich hätte Michael gern eingeladen, aber meine Mutter glaubte, ich wäre den ganzen Nachmittag bei Madge und Jimmy Finnigan gewesen, sie hätte sich bestimmt gewundert, wenn ich mit einem anderen jungen Mann daherkam. Und Michael konnte ich doch nicht gut als Neffen der Cassidys ausgeben.

Er ging langsam fort, streifte im Vorbeigehen mit der Hand das Laub der Büsche, wandte noch einmal den Kopf und lachte mir zu. Rosie Smith war nirgends zu sehen, ich winkte Michael und ging ins Haus.

Beim Abendessen fragte ich meinen Vater: „Pa, du bist doch in Dublin gewesen, als der Osteraufstand war?“

„Ja“, sagte er.

„Wie war das?“

„Wie es bei einem Aufstand ist.“

„Hat er etwas genützt?“

„Nein“, antwortete mein Vater und blickte nicht von seinem Teller auf.

„Wieso nicht, Pa? Nachher haben doch die Iren die Selbstverwaltung bekommen.“

„Das war sechs Jahre später.“

„Bist du damals für die Republik gewesen, Pa?“

„Laß doch die Fragerei, Noreen“, mahnte meine Mutter. „Pa kann ja nicht einmal in Ruhe essen.“

„Und überhaupt“, sagte Helen, „sind das keine Tischgespräche.“

„Warum nicht?"

„Weil einem dabei der Appetit vergehen kann! Unterhalte dich mit Madge darüber. Die ist eine alte Republikanerin."

„Ihr Neffe ist aus Irland gekommen", fiel meine Mutter beschwichtigend ein. „Noreen hat ihn heute nachmittag besucht. Wir müssen ihn einmal einladen."

Als meine Mutter Georgie zu Bett brachte, rückte mein Vater den Lehnstuhl zur Stehlampe und las das Abendblatt. Er trug seine Lesebrille. Sie saß nicht sehr gut und rutschte ihm immer ein Stück den Nasenrücken herunter. Helen war in unserem Zimmer und hatte eine Schallplatte aufgelegt. Fast alle unsere Platten waren sehr abgespielt, das kratzende Geräusch der Nadel machte die Musik heiser. Meine Mutter erzählte Georgie eine Geschichte. Ihre Stimme drang gedämpft über den Flur.

Ich lag auf dem Sofa. Das Haar an den Schläfen meines Vaters war schon grau. Wie alt war er damals beim Osteraufstand gewesen? Nicht viel älter als Helen jetzt. Ob mein Vater so dachte wie Michael? Oder wollte er nur nichts mehr davon wissen und war weggegangen aus Irland, um hier in Ruhe sitzen und Zeitung lesen zu können? Wo war Donal heute nachmittag gewesen? Eines Tages würde er vielleicht fliehen und sich verstecken müssen oder ins Gefängnis kommen. Sein Vater und Michaels Vater waren Freunde gewesen, obwohl der eine zu den Katholiken und der andere zu den Protestanten gehört hatte. Mein Vater sagte, der Osteraufstand habe nichts genützt. Wenn aber keine Aufstände gewesen wären, dann hätten die Iren nie ein eigenes Parlament bekommen und das

Recht, sich selber zu verwalten. Mußten sie jetzt nicht für die Republik weiterkämpfen und dafür, daß in Nordirland die Katholiken nicht mehr unterdrückt wurden? Michael hatte nicht recht, Madge und Donal hatten recht.

Die Zeitung raschelte. Mein Vater blätterte um.

„Pa!"

Er ließ die Zeitung sinken. Ich wollte fragen: Warum bist du aus Irland fort? Im gleichen Augenblick hörte ich aber, wie Georgies Schlafzimmertür zugemacht wurde. Auf dem Flur kam der leichte Schritt meiner Mutter näher.

„Was ist, Noreen?"

„Nichts!"

Er nahm die Brille ab, blinzelte im Licht der Stehlampe, mir schien, als wollte er etwas sagen, da öffnete meine Mutter die Tür. Mein Vater setzte die Brille wieder auf und las weiter.

7

Der Mann mit der Schirmkappe trat aus dem Haus Nummer Vier der Chandlers Lane. Ich erkannte ihn sofort wieder. Sein Fahrrad lehnte am nächsten Laternenmast, er ging pfeifend darauf zu, schob die Pedale zurecht und schwang sich hinauf. Dann fuhr er an mir vorbei, ohne mich zu beachten. Sein Rock war verknittert, die Hose hatte Beulen an den Knien. Das hagere Gesicht wirkte übernächtig, und um die Augen lagen dunkle Ringe. Es beunruhigte mich, daß dieser Mann am Vormittag aus dem Haus der Cassidys kam und so aussah, als wäre er die ganze Nacht unterwegs gewesen und hätte nicht geschlafen. Ich lief die Treppe hinauf und war erleichtert, als ich Stimmen aus der Küche hörte.

Madge hatte Speck gebraten und einen Topf Kaffee aufgebrüht, die ganze Küche roch danach. Auf der Anrichte stand ein Emailbecken mit heißem Wasser. Donal hatte das Hemd ausgezogen und wusch sich. Er wandte mir das tropfnasse Gesicht zu, die Haare klebten ihm an der Stirn. „Hallo, Noreen!“ grüßte er. Sein Gesicht war genauso übernächtig wie das des Mannes mit der Schirmkappe. Jimmy hockte gähnend am Tisch und blinzelte mich aus kleinen, verschlafenen Augen an.

„Du kommst gerade recht zum Frühstück“, sagte Madge. „Die zwei sind eben heimgekommen und waren nicht im Bett. Ich habe eine tüchtige Portion Speck gebraten. Leiste ihnen nur Gesellschaft!“

Donal nahm das blaukarierte Leinenhandtuch von der Trockenstange über dem Herd und rieb sich Oberkörper und Gesicht trocken. Er ribbelte auch die nassen Haare, sie glänzten fast schwarz und ringelten sich zu wirren Locken. Wo waren er und Jimmy und der Mann mit der Schirmkappe diese Nacht gewesen und was hatten sie getan? Irgend etwas, wonach ich besser nicht fragte.

Als ich den Tisch deckte, reichte mir Madge noch einen vierten Teller. „Der ist für Michael“, sagte sie. „Ich werde ihn herüberholen. Wenn ich mich nicht hie und da ein bißchen um ihn kümmere, Noreen, würde er nur von Brot und Tee leben, und ein Bursche in seinem Alter braucht schon von Zeit zu Zeit was Ordentliches in den Magen.“

Donal setzte sich neben Jimmy auf die Bank und streckte die Beine weit von sich. „Mickey war heute nacht bestimmt in seinem Bett“, sagte er.

„Und ich wäre froh gewesen“, sagte Madge, „wenn auch ihr zwei heute nacht im Bett gelegen wärt.“

Donal kniff die Augen zu. „Madge“, sagte er spöttisch, „du redest ja auf einmal wie Michael!“

„Ich bin eine alte Frau, Donal, und wenn man alt ist, sieht man manches anders als ihr jungen Leute. Besonders nachts, wenn der Schlaf nicht kommen will und man an alle denkt, die nicht mehr da sind. Heute nacht mußte ich daran denken, wie sie Paddy O'Connor gebracht haben, es war auch so eine Sommernacht. Einen alten Mantel hatten sie über ihn gelegt. Dann haben wir ihn begraben, es war niemand auf dem Friedhof als Peadar und ich und ein paar Nachbarn ... Paddy O'Connor war Michaels Onkel, Noreen.“

„Er hat gesagt, sein Onkel wurde im Bürgerkrieg getötet. Ist das der?“

„Ja. Und Paddy O’Connor wäre noch am Leben, wenn es nicht um meinen Tom gegangen wäre. Tom ist mein Ältester, Noreen, und jetzt ist er in Amerika, aber damals, in den schlimmen Zeiten, war er mit Paddy bei jenen, die für die Republik kämpften. Einmal kamen die zwei in einen Hinterhalt und mußten fliehen. Und im Bürgerkrieg war es nicht mehr so wie früher, wo ein IRA-Mann in jedem Haus Freunde fand und sich verstecken konnte. Auf einmal wollten viele Leute nichts mehr von ihnen wissen. Mein Tom war verwundet, sie flohen aus Dublin in die Hügel, wo es nichts gibt als Ginster und Schafe. Aber Tom hat nicht weiter können. Da hat ihn Paddy in einem Schafstall versteckt und die Verfolger auf sich gelenkt. Mein Junge blieb am Leben, und Paddy hat sterben müssen.“

Sie hob die Pfanne mit dem gebratenen Speck vom Herd und stellte sie auf den Tisch. „Und darum laß Michael in Ruhe, Donal, solange du an meinem Tisch sitzt und mein Gast bist. Ich kann’s nicht verstehen, Noreen, was die zwei gegeneinander haben. Früher waren sie dicke Freunde.“

„Meine Freunde sind die, die auf meiner Seite sind“, sagte Donal.

„Das ist er doch!“

„Er ist ein Protestant.“

„Rede keinen Unsinn“, sagte Madge. „Paddy war auch einer und hat nicht danach gefragt, ob mein Tom katholisch oder protestantisch ist. Jetzt hole ich Michael, und du halte Frieden, Donal!“

Sie stapfte zur Tür hinaus. Donal brach ein Stück Brot ab, starrte vor sich hin und hatte die Brauen wie so oft zusammengezogen. „Wann warst du bei Michael?“ fragte er unvermittelt.

„Gestern! Du bist nicht hier gewesen.“ Es klang wie eine Entschuldigung. Ich hatte vorgehabt, mit Donal über alles zu sprechen, worüber ich mit Michael geredet hatte, aber auf einmal war ich nicht mehr sicher, ob ich es tun sollte.

„Jimmy und ich“, sagte Donal, „wir waren die ganze Nacht auf einem Lastwagen unterwegs. Einmal hat uns eine Polizeistreife angehalten . . .“

„Mir haben richtig die Zähne geklappert“, gestand Jimmy.

„Und dabei wollten sie unserem Fahrer nur sagen, daß ein Scheinwerfer nicht in Ordnung war.“

Sie fingen gleichzeitig zu lachen an. Donal häufte sich den Teller mit Speckscheiben voll. „Gott, bin ich hungrig“, sagte er.

„Wo seid ihr denn gewesen?“ wollte ich wissen.

„Bei Freunden, Noreen“, antwortete Donal.

Jimmy grinste und biß ein großes Stück Brot ab. Ich fragte nicht weiter. Als Madge mit Michael kam, rückte Donal zur Seite und wurde schweigsam und einsilbig. Michael trank eine Tasse Kaffee, aß seinen Teller leer und ging dann wieder. Ich war erleichtert, als er fort war, und hatte gleichzeitig ein schlechtes Gewissen. Ich war gern mit Michael beisammen, nur nicht dann, wenn Donal da war.

An diesem Abend geschah etwas, das ich zuerst für ein Unglück hielt und später für ein Glück. Meine Mutter hatte so oft über die Hitze und Schwüle in London geklagt, daß mein Vater Mrs. Brady in Barnmouth angerufen hatte, heimlich vom Büro aus. Mrs. Brady war die Besitzerin der Pension, in der wir jedes Jahr wohnten. Mein Vater wollte, daß Ma und Helen, Georgie und ich schon jetzt ans Meer fuhren, nicht erst dann, wenn er Urlaub hatte. Er hatte nichts verraten, damit wir nicht enttäuscht waren, wenn Mrs. Brady keine Zimmer frei hatte.

Mrs. Brady hatte Zimmer frei und erwartete uns schon übermorgen.

Im ersten Augenblick begriff ich nicht, was mein Vater sagte, wollte es nicht begreifen. Wir waren immer in der ersten Augustwoche nach Barnmouth gefahren, solange ich mich erinnern konnte, jedes Jahr zur gleichen Zeit. Warum sollte es heuer anders sein? Warum gerade in diesem Sommer, dem ersten Sommer, da ich nicht von London weg wollte?

Helen küßte meinen Vater, und Georgie tanzte im Zimmer herum. Meine Mutter sagte, bis übermorgen früh wäre genug Zeit, alles zu packen.

Übermorgen früh! Nur noch ein Tag. Die Zeit bis zum August hatte kurz genug geschienen, aber es waren zwei Wochen gewesen, zwei Wochen, in denen ich jeden Tag zu den Cassidys gehen konnte.

„Ich fahre nicht mit!“ platzte ich heraus.

Niemand hatte mir zugehört.

„Ich fahre nicht mit!“ rief ich.

Jetzt schauten mich alle an.

„Du willst nicht mitfahren, Noreen?“ fragte meine Mutter.

„Nein!“

„Aber warum denn? Du bist doch immer so gern in Barnmouth? Du hast es nie erwarten können, bis wir hinfuhren."

Helen tippte mir auf die Stirn. „Noreen ist verrückt geworden!" verkündete sie.

„Ich bin nicht verrückt", fuhr ich sie böse an.

Ich war gern in Barnmouth, nur in diesem Sommer wollte ich nicht hin. Dieser Sommer war anders als jeder Sommer vorher. In Barnmouth würde ich im Strandhafer sitzen, das Meer heranrollen sehen und mich nach London zurück sehnen, nach einer Straße mit staubigem Pflaster und rußgeschwärzten Häusern, wo die Luft stickig war und nach Abfall roch. Wie sollte ich das aber meiner Familie erklären? Helen war noch nie in der Chandlers Lane gewesen, mein Vater und meine Mutter gingen immer nur dann dorthin, wenn sie etwas von Madge brauchten. Sie kannten Donal nicht und kümmerten sich nicht darum, daß er bei den Cassidys lebte. Sie wußten nicht, warum er hier war. Eines Tages würde vielleicht die Polizei kommen und ihn und Jimmy und Madge und Peadar holen, vielleicht gerade dann, wenn ich im Meer schwamm oder im Sand in der Sonne lag.

Ich konnte nicht nach Barnmouth fahren.

Ma und Helen redeten auf mich ein. Sie redeten und redeten und sagten, wie schön es in Barnmouth sei und wie braun wir sein würden, nach den sechs Wochen Schwimmen und Im-Sand-Liegen und Sonnen. Ich wußte das, niemand brauchte es mir zu sagen, aber mir bedeuteten eben die Chandlers Lane und das Haus Nummer Vier dort mehr als Sonne-Sand-Meer.

Schließlich fragte mein Vater: „Wenn du nicht nach

Barnmouth fahren willst, Noreen, mußt du einen Grund dafür haben."

Ich wußte nicht, was ich antworten sollte, wurde rot und stotterte: „Wenn ich auch mitfahre, bist du ganz allein, Pa." Es klang nicht sehr überzeugend, aber mir fiel nichts Besseres ein.

„Es macht mir nichts aus, die paar Tage allein zu sein", entgegnete mein Vater. „Deshalb mußt du doch nicht hierbleiben, Noreen."

„Dein Strandkleid ist noch nicht fertig", erklärte meine Mutter, als sei nun alles erledigt und in bester Ordnung. „Du brauchst es unbedingt. Ich werde es morgen fertig nähen, das alte Rote ist schon zu schäbig."

Ich lief aus dem Wohnzimmer. Bei der Tür stolperte ich über Georgies Sandschaufel. Georgie hatte schon angefangen, sein Spielzeug für Barnmouth herbeizuschleppen. Ich flüchtete in mein Zimmer, warf mich aufs Bett und weinte ein paar zornige Tränen. Warum durfte ich nicht hierbleiben, warum mußte ich nach Barnmouth fahren, wenn es für mich so wichtig war, in London zu sein?

Georgie lief vorbei. Er lachte, er freute sich, weil er ans Meer fahren würde. Ich hörte Schritte. Kam Helen zu mir? Nein, meine Mutter ging ins Schlafzimmer. Wahrscheinlich fing sie schon zu packen an. Helen rief: „Ich schau nach, wann der Zug geht, Pa!"

„Georgie, wo hast du den Schwimmreifen?" Das war meine Mutter.

Übermorgen würde ich einfach aus dem Zug springen, im letzten Augenblick, wenn er abfuhr und Helen und Ma und Georgie nicht mehr aussteigen konnten.

Oder ich würde mich morgen Abend bei Madge verstecken.

Die Tür öffnete sich, mein Vater kam herein. Ich richtete mich auf. Wollte er mit mir reden? Aber gleich hinter ihm tauchte Helen auf und sagte: „Noreen, du sollst kommen. Ma braucht dich."

„Noreen! Noreen!" rief meine Mutter vom Wohnzimmer aus.

An diesem Abend kam niemand dazu, auch nur ein paar Minuten Zeit für einen anderen zu haben. Zuerst suchte ich nach einer Gelegenheit, mit meinem Vater allein zu sein, dann nicht mehr. Er würde mich so wenig verstehen wie Ma und Helen.

Am nächsten Morgen stahl ich mich gleich nach dem Frühstück aus dem Haus. Vor dem Einschlafen hatte ich mir ausgemalt, wie ich mich bei den Cassidys versteckte. Wie ich daheim einen Brief hinterließ: Mach dir keine Sorgen, Ma, ich komme wieder heim, wenn ihr nach Barnmouth gefahren seid.

Ich hatte es mir ausgemalt, in Wirklichkeit aber genau gewußt, daß es nicht so einfach sein würde und daß ich nach Barnmouth fahren mußte, ob ich wollte oder nicht.

Ich stieg mutlos die Treppe zu den Cassidys hinauf. In der Küche war nur Madge. Ich war enttäuscht, ich hatte gehofft, daß Donal hier sein würde. Auf dem Gasherd stand ein Kessel mit kochender Wäsche. Dampfschwaden stiegen auf und hüllten Madge ein. Ihr Gesicht glühte, die Lider waren rot.

„Kann ich helfen, Madge?" fragte ich.

„Jetzt nicht", antwortete sie und stocherte mit einem großen Kochlöffel in der Wäsche. „Das muß erst tüchtig auskochen. Du kommst mir gerade recht zu einer kleinen Rast zwischendurch."

Sie setzte sich auf die Bank, faltete die breiten, von der Lauge aufgequollenen Hände und sah mich freundlich an. „Was hast du, Noreen? Ich seh's dir an, daß es was gegeben hat."

„Madge, wir fahren morgen nach Barnmouth. Pa will es so, er hat Mrs. Brady schon angerufen."

„Was du nicht sagst! Du hast eben einen guten Pa. Schickt euch raus aus dem Staub und der Hitze. Das kostet ihn bestimmt eine ganze Menge Geld, aber er tut's gern für euch. Du mußt deinem Pa dankbar sein, Noreen."

„Ich will nicht nach Barnmouth. Aber mich fragen sie ja nicht!"

Sie schaute mich an und rückte dann den Stuhl für mich zurecht. „Steh nicht herum, Noreen, setz dich und laß uns vernünftig darüber reden."

„Ich fahre nicht nach Barnmouth!" Ich stieß den Stuhl mit dem Fuß fort, er kippte um und polterte zu Boden.

„Er ist wacklig genug", sagte Madge. „Du mußt ihn mir nicht kaputtschlagen."

Ich wurde rot, bückte mich, stellte den Stuhl wieder auf und setzte mich. Madge legte ihre Hand auf meine. „Ich werde ihm sagen, daß du wegfahren hast müssen, und ihn von dir grüßen."

„Wen?"

„Wen schon? Glaubst du, ich hab keine Augen im Kopf? Na, jetzt sieh mich nicht so an! Das ist ganz in Ordnung, in deinem Alter ist es nur recht und gut, wenn einem einer gefällt. Und Donal ist ein guter Junge.

Ich würde ihm so eine vergönnen, wie du eine bist. Obwohl es noch zu früh ist, an so was zu denken."

Sie hielt noch immer meine Hand. „Ich war gerade so alt wie du, Noreen, als ich zum erstenmal mit Peadar tanzen ging. Und zwei Jahre später waren wir in der Kirche, und Pater O'Donell hat uns getraut. Was für ein hübscher Bursche war doch damals mein Peadar. Du würdest es nicht glauben, wenn du ihn jetzt ansiehst. Die schweren Jahre eben, die können einem Mann schon arg zusetzen. Wie soll man ihm da böse sein, wenn er zu trinken anfängt?"

Sie schwieg.

„Wo ist Donal?" fragte ich nach einer Pause.

„Er mußte weg — heute früh."

„Wann kommt er heim?"

„Das weiß ich nicht."

„Kann ich heute bei dir schlafen, Madge? Wenn Ma und Helen und Georgie nach Barnmouth gefahren sind, geh ich wieder heim."

„Was hast du gesagt, Noreen? Ich habe nicht recht zugehört."

„Ob ich heute hier schlafen kann! Daheim brauchen sie es nicht zu wissen. Bitte, Madge!"

„Und dein Pa — was würde er dazu sagen?"

„Ich erkläre es ihm schon nachher."

„Du glaubst, daß deine Ma ohne dich wegfährt?"

„Ich schreibe ihr einen Brief, damit sie sich keine Sorgen macht."

„Und dann stünde sie fünf Minuten später hier!"

„Nein! Ich verrate doch nicht, wo ich bin."

„Also heimlich willst du es tun, und ich soll dir dabei helfen?"

Ich nickte unglücklich.

Madge stand auf, trat zum Herd und stocherte mit dem Kochlöffel in der Wäsche. „Was du da gesagt hast, Noreen, das will ich gar nicht gehört haben."

„Wenn ich nicht bei dir bleiben darf, dann geh ich zu Michael!" rief ich.

Madge warf den Kochlöffel fort. „Schämst du dich nicht?" fragte sie. „An so was auch nur zu denken! Untersteh dich und komme heute Abend zu ihm! Was ist denn auf einmal in dich gefahren? So kenne ich dich gar nicht. Weiß deine Ma überhaupt, daß du da bist?"

„Nein. Madge, bitte . . ."

„Es nützt dir gar nichts, wenn du noch so bettelst! Das wäre eine schöne Liebe zu dir, würde ich dir solche Sachen erlauben. Jetzt geh heim und freu dich, daß du ans Meer darfst. Nicht allen geht es so gut wie dir."

Die Lauge im Kessel brodelte, seifige Blasen stiegen auf. Madge packte den Kochlöffel und stocherte wieder in der Wäsche. Der Dampf hatte ihr Haar feucht und strähnig gemacht. Nicht einmal verabschieden würde ich mich von Donal können.

Als ich zur Tür hinaustrotten wollte, kam mir Madge nach und küßte mich auf die Wange. „Sei nicht traurig!" sagte sie. „Ich rede ja nur so daher und meine es anders. Schau, ich verstehe doch, wie dir zumute ist. Wenn du aber erst einmal dort bist in Barnmouth, dann gefällt es dir und du wirst froh sein, nicht in London hocken zu müssen. Und vielleicht kann's sein, daß Donal und Jimmy dich dort besuchen, ja, und auch Michael. Ihm täte es gut, einmal rauszukommen an die frische Luft. Dein Pa hat bestimmt nichts dagegen.

Bist mir noch böse, Noreen?"

Ich schüttelte den Kopf.

„Dann lauf schnell heim, sonst sorgt sich deine Ma die Seele aus dem Leib. Du weißt doch, wie sie ist."

Sie küßte mich noch einmal — ihre Haut roch nach Seife und Lauge —, dann schob sie mich zur Tür hinaus. „Ich vergesse nicht, ihn von dir zu grüßen", rief sie mir nach. „Du kannst dich auf mich verlassen. Und es wird ihm nicht recht sein, wenn du fort bist!"

Auf dem halben Weg nach Hause fiel mir ein, daß ich mich wenigstens von Michael hätte verabschieden können, ich wollte aber nicht mehr zurückgehen. Der Himmel war wie Glas, die Hitze kroch in jeden Winkel, und die Straßen machten einen verlassenen Eindruck. Selbst die Blumen in den Vorgärten schienen in der Schwüle alle Farben verloren zu haben.

Daheim hatten Helen und meine Mutter nicht einmal bemerkt, daß ich fortgewesen war. Im Wohnzimmer lagen Stöße von Kleidern, Unterwäsche und Badetüchern. Meine Mutter nähte. Helen stand vor dem Spiegel, probierte eines ihrer Kleider nach dem anderen an und konnte sich nicht entschließen, welche sie mitnehmen sollte. Ich warf meine Sachen achtlos aus dem Schrank und stopfte sie in den Koffer. Meine Mutter nahm alles wieder heraus, sah den Schrank prüfend durch, überlegte, tauschte und packte dann den Koffer sorgfältig.

Nach dem Mittagessen floh ich wieder in mein Zimmer und streckte mich auf dem Teppich aus. Von Helens Bett baumelten Strümpfe; ihr blauweißes Handtuch und ihre gelbe Badekappe lagen auf dem Kissen. Der Schrank stand offen, er war halbleer, ich stieß ihn mit dem Fuß zu. Der halbleere Schrank hieß Aufbruch und Fortgehen.

Ich hatte Kopfschmerzen. Vielleicht wurde ich krank? Ich stemmte mich mit den Armen hoch, bis ich mein Gesicht im Spiegel über dem Frisiertischchen sehen konnte. Mein Gesicht glühte, krank sah ich aber nicht aus, die Röte kam von der Hitze.

Ich hielt es im Zimmer nicht mehr aus und setzte mich auf die Türschwelle vors Haus. Rosies dicker roter Kater Tabby strich herbei, ließ sich streicheln, schnurrte und drückte sich an meine Beine. Die Sonne schien prall auf mich. In Barnmouth würde es auch heiß sein, aber immer kühl vom Wasser herstreichen. Wenn ich mitfuhr, konnte ich schon morgen nachmittag die Klippen hinauflaufen und weit übers Meer sehen, wo vielleicht draußen, am Horizont, Wolken aufquollen. Mit Donal gemeinsam hätte ich das alles gern erlebt.

Beim Abendessen wurde mir übel, und ich wußte selber nicht, ob ich es mir nur einbildete oder ob ich wirklich krank wurde. Meine Mutter schickte mich sofort ins Bett. In London gab es ein paar Fälle von Sommergrippe, und Ma fürchtete, daß ich mich angesteckt haben könnte. Sie schob mir das Fieberthermometer in den Mund und ließ mich dann einen Augenblick allein, um Tee aufzubrühen. Ich zog das Thermometer heraus, die Quecksilbersäule hatte sich nicht einmal ein winziges Stück weiter hinaufbewegt. Ich ribbelte das Thermometer mit dem Nachthemdzipfel und der Decke, bis es sich heiß anfühlte, ribbelte immer heftiger und konnte es fast nicht glauben, daß die Quecksilbersäule wirklich höher stieg.

Als meine Mutter mir eine Tasse Tee brachte und das Thermometer anschaute, machte sie ein besorgtes Gesicht und ging sofort zu meinem Vater. Ich schlürfte den heißen Tee. Durch die offene Tür hörte ich undeutlich Stimmen aus dem Wohnzimmer. Es war angenehm, hier zu liegen und zu wissen, daß niemand mich morgen zwingen konnte, von London wegzufahren.

Nach einer Weile kam Helen.

„Das sieht dir ähnlich!“ sagte sie.

„Was denn?“

„Daß du Fieber bekommst! Jetzt müssen wir deinetwegen hier bleiben.“

„Wieso denn? Ihr könnt ja ohne mich fahren.“

„Glaubst du, Ma fährt weg, wenn du im Bett liegst? Sie hat gerade beschlossen, morgen früh Mrs. Brandy anzurufen.“

„Ich kann doch nichts dafür, daß ich Fieber habe“, verteidigte ich mich. „Und ich will ja gar nicht, daß ihr dableibt.“

„Bring das Ma bei!“ rief Helen wütend, rannte aus dem Zimmer und warf die Tür hinter sich zu.

Ich war nicht krank, ich hatte kein Fieber, die leichte Übelkeit kam bestimmt vom Sitzen in der Sonne. Ich konnte nicht stilliegen und warf mich von einer Seite auf die andere. Daran hatte ich nicht gedacht, daß nun Helen und Georgie auch nicht nach Barnmouth fahren konnten.

Eine Weile wälzte ich mich unruhig hin und her, dann muß ich halb eingeschlafen sein, aber die leise Stimme meiner Mutter weckte mich wieder. Mein Vater und meine Mutter standen am Bett.

„Pa", bat ich, „ruf Mrs. Brady nicht an! Helen und Georgie und Ma können doch ohne mich fahren. Ich glaube, ich bin nur zu lange in der Sonne gesessen. Mir ist schon viel besser."

„Ich laß dich mit Fieber nicht allein zu Hause, Noreen", sagte meine Mutter. „Wir warten alle ein paar Tage."

„Helen möchte aber fahren!"

„Da kann man eben nichts machen."

„Ich bin doch nicht allein zu Hause, Ma! Madge kommt sicher! Wenn sie weiß, daß ich krank bin, bleibt sie den ganzen Tag hier. Auf Madge kannst du dich verlassen. Und dann fahr ich mit Pa nach Barnmouth."

„Gerade das habe ich mir auch überlegt", sagte mein Vater langsam.

Ich setzte mich rasch auf und vergaß ganz, daß jemand, der Fieber hat, nicht in die Höhe fährt, als wollte er gleich aus dem Bett springen. Mein Vater betrachtete mich. Er betrachtete mich so eindringlich, daß ich wegschaute.

„Mrs. Brady hat die Zimmer frei, und es ist schade um jeden Tag", sagte mein Vater. „Noreen sieht nicht sehr krank aus."

„Aber wenn es eine Grippe ist!" sagte meine Mutter.

„Ich habe keine Grippe, Ma!"

„Oder etwas Schlimmeres ..."

„Dann rufe ich dich in Barnmouth an", sagte mein Vater, „und du bist in ein paar Stunden wieder daheim."

„Und wenn Noreen nun nicht richtig krank ist, warum soll sie dann die ganzen zwei Wochen versäumen?"

„Mir macht das nichts aus, Ma!“

Meine Mutter wollte mir aber nicht glauben, daß ich freiwillig und gern in London blieb, und es dauerte sehr lange, bis ich sie überzeugt hatte. Mein Vater half mir. Ich wußte nicht, warum er mir half. Ich fragte nicht, es war besser nicht zu fragen.

Helen war wieder versöhnt. Als wir endlich allein im Zimmer waren und sie sich ausgezogen hatte, setzte sie sich neben mich aufs Bett. Die Nachttischlampe war mit einem Tuch abgedunkelt und gab nur einen schwachen Schein.

„Ich schreib dir eine Ansichtskarte“, versprach Helen. „So was Dummes, daß du ausgerechnet jetzt krank werden mußt.“

„Ich komme ja mit Pa nach.“

„Ich möchte nicht allein dableiben. Mir wäre es zu Tod langweilig.“

„Mir nicht“, widersprach ich.

„Wenn du willst“, sagte sie, „leihe ich dir in Barnmouth den neuen Badeanzug.“

„Den mit den roten Streifen?“

„Ja. Wenn ich nicht bade, kannst du ihn haben.“

„Du — Helen!“

„Ja?“

„Wenn ich mit Pa in Barnmouth bin, vielleicht kommt dann jemand und besucht mich.“

„Wer?“

„Jimmy Finnigan! Das ist der Neffe von Madge. Pa erlaubt es doch, nicht wahr?“

„Warum nicht? Was soll er dagegen haben?“

„Ich dachte nur. Und dann wohnt noch einer bei Madge.“

Helen gähnte, räkelte sich und ließ ihre Pantoffel an den Fußspitzen baumeln.

„Er heißt Donal O'Donovan", sagte ich.

Aber Helen hörte schon nicht mehr zu. Wer bei Madge wohnte, interessierte sie nicht.

„Soll ich das Licht abdrehen?" fragte sie.

Ich nickte. Sie drückte auf den Schalter. „Vielleicht geht's dir morgen früh schon so gut, daß du mitfahren kannst."

„Glaub ich nicht."

„Dann schlaf gut!"

„Du auch!"

Der Zug nach Barnmouth ging zeitig am Morgen, ich wurde nicht richtig wach, als Helen aufstand. Meine Mutter schob mir das Thermometer in den Mund, und ich hörte schlaftrunken, wie sie erfreut feststellte, daß ich kein Fieber mehr hatte.

Als ich das zweitemal aufwachte, schien die Sonne ins Zimmer. Ich sprang aus dem Bett, nahm mir nicht einmal Zeit, in die Pantoffel zu schlüpfen, und lief ins Wohnzimmer. Der Frühstückstisch war abgeräumt. In der Küche rauschte Wasser, Geschirr klapperte. „Madge!" rief ich und riß die Küchentür auf.

Sie stand mit dem Rücken zur Tür und ließ heißes Wasser in das Abwaschbecken laufen.

„Ich darf hierbleiben!" verkündete ich. „Hab ich einen Hunger, Madge! Ist noch Toast da? Ich möchte Speck und Eier."

„So?" sagte sie und wandte sich halb um. „Speck und Eier willst du? Hat man je gehört, daß einer Speck und Eier zum Frühstück bekommt, wenn er krank ist? Und daß er herumtanzt in der Wohnung mit bloßen Füßen? Wer krank ist, muß im Bett liegen und bekommt nur Tee und Toast. Verschwinde!"

„Warum denn? Mir geht's schon wieder gut."

Sie krempelte die Ärmel hoch und stellte Tassen und Schalen in das Becken. „Dir ist es nie schlecht gegangen!" sagte sie. „Gestern abend, als dein Pa bei uns auftauchte und sagte, du wärst krank, ist es mir gleich komisch vorgekommen. Peadar, sage ich, in der Frühe war sie hier und gesund wie eine, nur wegfahren hat sie nicht wollen. Was soll man da vom Fieber halten? Mein Peadar meint, du wärst eben ein schlaues Mädchen. Wie kannst du jemandem die Stange halten, antworte ich, der seine Eltern anschwindelt? Und Peadar sagt, ich möchte wissen, wie sie das gemacht hat. Ja, und das möchte ich auch wissen! Wie hast du's gemacht, Noreen?"

„Ich wollte eben krank werden."

„Vom Wollen hat noch niemand Fieber bekommen."

„Das Thermometer habe ich heiß geribbelt", gestand ich.

„Hol es und zeig's mir!" befahl sie.

Ich brachte das Thermometer und rieb so lange, bis die blaue Säule hinaufkletterte. Madge drehte das Thermometer in der Hand und betrachtete es prüfend.

„Wer hat dir das beigebracht?" fragte sie.

„Niemand. Ich dachte, so müßte es gehen. Weil genug Hitze erzeugt wird, wenn ich das Thermometer reibe."

„Ganz von allein bist du daraufgekommen?"

„Ja."

„So was wär mir nie eingefallen. Aber ich bin eben auch nie auf eine solche Schule gegangen wie du."

„Bist du böse deswegen, Madge?"

Um ihren Mund zuckte es, sie fing laut zu lachen an. „Ich sollte es sein! Und bei einer eigenen Tochter wär ich's. Nein, auch nicht! Es wird noch früh genug schwer für euch jungen Leute, da muß man schon von Zeit zu Zeit ein Auge zudrücken. Glaube nur nicht, daß dein Pa dir darauf hineingefallen ist. Der weiß mehr, als er sagt, aber ich denke, er drückt eben auch ein Auge zu."

„Sind Donal und Jimmy daheim, Madge?"

„Die haben noch geschlafen, als ich fortging. Keine Ahnung, was sie vorhaben. Wenn du aber meinst, daß ich dich heute zu ihnen gehen lasse, dann schlag dir das aus dem Kopf."

„Warum, Madge?"

„Habe ich zu schwindeln angefangen mit einem Fieber, das kein Fieber ist?" fragte sie zurück. „Heute bleibst du mir daheim, und jetzt mach ich dir dein Frühstück. Dann zieh dich an und hilf mir."

Madge ging erst am Nachmittag. Vorher richtete sie noch das Abendessen her. Mein Vater und ich brauchten alles nur aufzuwärmen. Wir aßen in der Küche, weil das praktischer war, am Küchentisch und gleich vom Topf auf den Teller. Nachdem wir das Geschirr abgewaschen hatten, setzten wir uns ins Wohnzimmer. Mein Vater fragte nicht, wieso ich so schnell gesund geworden war, ich hätte gern gewußt, was er dachte, wollte aber lieber nicht davon reden. Wie jeden Abend las mein Vater die Zeitung. Er saß im Lehnsessel, den Rock ausgezogen, ohne Krawatte, holte eine Zigarre hervor, zündete sie an und rauchte. Blaue Ringe stiegen auf, kräuselten sich, bildeten Schleierfiguren und lösten sich wieder auf. Auf der Straße draußen war es schon ganz ruhig, nur einmal fuhr ein Auto vorbei. Dann lockte Rosie Smith ihren Kater.

„Warum rauchst du sonst nie, Pa?“ fragte ich.

„Ma mag es nicht, wenn man in der Wohnung raucht“, antwortete er.

Er las weiter.

„Tabby, Tabby!“ lockte Rosie. „Komm, Tabby!“

„Möchtest du nicht nach Barnmouth?“ fragte mein Vater. „Du könntest ja allein hinfahren?“

„Ich bleibe lieber hier.“

„Der Neffe der Cassidys ist ein netter Junge“, fuhr mein Vater fort.

„War er gestern abend daheim?“

„Ja.“

„Und Donal auch?“

„Der mit den dunklen Haaren?“

„Ja.“

„Er war auch da“, sagte mein Vater.

„Dann gibt es noch einen. Er heißt Michael Conway und wohnt nebenan. Hast du ihn getroffen?“

„Nein.“

“Warst du beim Bürgerkrieg dabei, Pa?“

Er schnippte die Asche von der Zigarrenspitze. „Nein. Ich holte damals nur die Großmutter ab und fuhr gleich wieder zurück. Wie kommst du darauf?“

„Weil ich mit Michael darüber geredet habe. Sein Onkel wurde getötet. Warst du für die Republik, Pa?“

Die Zigarre war ihm ausgegangen. Er strich ein Zündholz an. „Deine Großmutter war dafür“, sagte er.

„Madge ist auch für die Republik.“

„Ja, die ist eine alte Republikanerin.“

„Madge ist wie die Großmutter."

„Hm ... ja."

„Und Ma hat Angst vor ihr, genau wie vor der Großmutter."

Er blinzelte mich durch die Augengläser an. „Du hättest nach Barnmouth fahren sollen", sagte er.

„Warum?"

„Weil du nicht so reden würdest, wenn Ma hier wäre."

„Aber es stimmt doch, Pa?"

Er sog an seiner Zigarre, das Ende glühte rot auf. „Vor Madge habe sogar ich Respekt", sagte er.

Ich streckte mich auf dem Sofa aus und verschränkte die Arme unter dem Nacken. Dünne Rauchfäden zogen über mich.

„Pa", sagte ich, „ich mag es, wenn du rauchst!"

8

Am nächsten Morgen begleitete ich meinen Vater zur Busstation. Als ich noch klein war, hatte ich das oft getan, später nie mehr. Sobald der Bus abgefahren war, schlenderte ich zum Haus zurück. Gestern früh erst waren meine Mutter und Helen und Georgie fortgefahren, mir schien es schon lange her zu sein. Im Haus regte sich nichts. Es war seltsam, allein zu sein, ich war es nicht gewöhnt, sonst war immer jemand hier. Ich ging von Zimmer zu Zimmer. Die Zimmer wirkten größer, das Haus war auf einmal größer, meine Schritte hallten. In Georgies Zimmer entdeckte ich neben dem Bett ein paar verstreute Puzzleblättchen, ich sammelte sie ein und legte sie in die Schachtel. Georgie und Helen gingen jetzt vielleicht zum Strand. Einen Augenblick lang wünschte ich, bei ihnen zu sein. Einen Augenblick wünschte ich, nicht hier zu sein in dem leeren Haus, sondern mit Helen die Wellen anzuschwimmen und mit Georgie am Ufer Muscheln von den Steinen zu lösen.

Dann wurde die Haustür geöffnet, und ich vergaß Barnmouth und das Meer und lief in den Flur. Es waren Madge und Jimmy. Jimmy schleppte die alte fleckige Einkaufstasche der Cassidys.

„Wir waren auf dem Markt“, begrüßte mich Madge, „und haben für uns und für dich und deinen Pa eingekauft. Hast du deinem Pa ein ordentliches Frühstück gemacht?“

„Wir haben es gemeinsam gemacht.“

„Auch gut. Ich räume jetzt die Küche auf. Nein, ich brauche dich nicht. Unterhalte dich mit Jimmy. Ich habe ihn mitgenommen, damit er mir die Tasche trägt. Die ist mächtig schwer heute.“

Sie nahm Jimmy die Tasche ab und verschwand in der Küche. Jimmy blieb vor mir stehen, fuhr sich mit der Hand durchs Haar, befeuchtete die Lippen mit der Zunge und betrachtete seine Schuhspitzen. „Wo ist dein Pa?“ fragte er.

„Er ist schon ins Büro gegangen.“

Jimmy war offensichtlich erleichtert.

„Ist Donal daheim, Jimmy?“

„Nein, der ist bei Freunden.“

„Soll ich dir Helens und mein Zimmer zeigen?“

Jimmy nickte.

Unser Zimmer war am Morgen besonders licht und freundlich, weil das Fenster nach Osten ging. Jimmy schaute sich wortlos um.

„Gefällt's dir?“ fragte ich.

Wieder nickte er nur.

„Helen und ich sitzen immer auf den Betten“, sagte ich. „Du kannst dich auf Helens Bett setzen.“

Jimmy schaute das Bett an und setzte sich dann auf den Sessel, er saß ganz gerade, ohne sich anzulehnen. „Macht's dir was aus, daß ich mitgekommen bin?“ fragte er.

„Warum soll es mir was ausmachen? Als Pa weg war, da ist es mir auf einmal einsam vorgekommen, so ganz alleine im Haus.“

„Daheim bin ich oft allein mit Bess und Mollser auf der Weide.“

„Wenn die Kühe bei dir sind, bist du nicht allein."
„Beim Torfstechen ist aber oft meilenweit niemand! Und das macht mir auch nichts."
„Draußen allein zu sein, ist anders, als in einem Haus allein zu sein. In Barnmouth, auf den Klippen, ist es ganz einsam, und ich finde es herrlich."
Er überlegte. „Hast recht!" gab er zu. „Aber du kannst ja zu uns kommen, wenn dein Pa nicht da ist."
Madge ging durch den Flur. Gleich darauf fing der Staubsauger zu surren an. Ich konnte mir nicht mehr vorstellen, daß mir das Haus so groß und leer geschienen hatte.
„Sollen wir Schallplatten spielen?" fragte ich.
Er sah mich groß an. „Hast du welche?"
„Eine ganze Menge. Was willst du hören?"
„Weiß nicht!"
Ich wählte „The Boys of Wexford", weil es ein irisches Lied war ...

„We are the Boys of Wexford,
We fought with heart and hand
To burst in twain our Captive Chains
And free our native Land."

Die Nadel kratzte. Jimmy saß noch immer auf der äußersten Stuhlkante, aber jetzt hatte er sich vorgebeugt. Er stützte die Hände auf die Knie und lauschte so angestrengt, daß sich seine Stirn runzelte und ihm der Mund halb offen stand. Ich mußte das Lied viermal hintereinander spielen, er konnte nicht genug davon bekommen.
„Am Sonntag", sagte er, als ich die Nadel wechselte,

„bin ich mit meinem Pa nach der Messe immer in die Kneipe gegangen. Dort hat einer mit der Fiedel gespielt, und wir haben gesungen."

„Habt ihr auch einen Plattenspieler daheim?"

Er grinste, als hätte ich etwas Dummes gesagt. „Was denkst du denn?" antwortete er. „Dazu hat mein Pa kein Geld. Und so ein Zimmer wie du habe ich auch nicht. Ich schlaf neben dem Kamin."

Wir spielten die Wexford Boys noch ein fünftes Mal, dann hatte ich genug. Weil wir beide durstig geworden waren, ging ich in die Küche um Zitronenlimonade. Die Limonade war in dem kleinen Schränkchen über der Küchenanrichte, auf die Madge ihre Einkaufstasche gestellt hatte. Ich schob die Tasche beiseite, öffnete das Schränkchen und holte die Limonade heraus. Dabei war ich ungeschickt, kippte ein Glas um, und als ich es auffangen wollte, stieß ich die Tasche von der Anrichte. Das Glas zersprang klirrend, die Tasche ergoß ihren Inhalt auf die Fliesen. Kohlköpfe und Kartoffeln kollerten heraus, ein Bündel Karotten, Lauch und eine kleine, in Packpapier eingeschlagene Schachtel, die mit einem Bindfaden umwickelt war. Eine Tüte mit Graupen platzte auf.

Ich sah die Bescherung ärgerlich an, hockte mich auf den Boden und sammelte die Scherben ein. Als ich die Kohlköpfe in die Tasche legen wollte, hörte ich ein Ticken. Das Ticken kam aus der Schachtel. Es zischte leise, ein Faden Rauch quoll hervor.

„Madge!" schrie ich und ließ den Kohlkopf fallen.

Madge kam aus dem Wohnzimmer. „Was ist los?" fragte sie.

Ich zeigte auf die Schachtel.

„Heilige Mutter Gottes!“ sagte Madge, schob mich beiseite, stürzte zum Fenster und riß es auf. Dann packte sie mich bei der Hand, stolperte über das Lauchbündel und zog mich in den Flur hinaus. Draußen prallten wir mit Jimmy zusammen. „Es wird gleich losgehen, das verfluchte Ding!“ rief Madge.

Wir rannten in den Vorgarten hinaus. Auf Jimmys Oberlippe hatten sich Schweißtropfen gebildet. Hinter seinen abstehenden Ohren krausten sich Büschel roter Haare. Ich dachte: Diese Haarbüschel sind mir noch nie aufgefallen; komisch, daß sie mir jetzt auffallen. Und dann dachte ich: Ob es so sein wird wie in der Wigmorestreet? Ein dumpfer Knall, ein Aufblitzen, Rauch, Glasscherben, Mauertrümmer?

Im Begonienbeet an der Mauer schlief Rosies Kater. Was wird Pa sagen, wenn er abends heimkommt? Und Ma und Helen sind in Barnmouth, sitzen am Strand und wissen von nichts.

Ich stand da und wartete.

Aber nichts geschah. Der Himmel über unserem Haus war groß und blau und sonnendurchglänzt. Die Büsche legten ein Muster aus Schatten und Sonnenflecken auf den Rasen. Der Kater wachte auf, gähnte und fing an, sich zu putzen. Aus dem Nachbarhaus trat Rosie Smith mit einer Schüssel Milch in der Hand. Als sie uns sah, stutzte sie und kam über den Rasen auf uns zu. „Ist was passiert?“ fragte sie.

„Nichts ist passiert“, antwortete Madge. „Wenn Sie den Kater suchen — der sitzt dort im Begonienbeet der Baileys.“

„Du liebe Güte!“ sagte Rosie. „Komm sofort her, Tabby!“

Der Kater erhob sich langsam, wölbte den Rücken, gähnte noch einmal und kratzte die Erde mit den Krallen auf. Er schlich zur Schüssel, die Rosie ins Gras gestellt hatte, und leckte schlabbernd die Milch.

Rosie Smith betrachtete uns neugierig. Sie hatte Lockenwickler im Haar, und auf Nase und Wangen waren Cremespuren.

„Wenn nichts passiert ist, warum stehen Sie dann alle hier herum, Mrs. Cassidy?" wollte sie wissen. „Ist das Ihr Junge? Ich habe gesehen, wie er mit Ihnen kam, und mich gleich gefragt, ob er Ihr Sohn ist. Er sieht Ihnen ähnlich."

„Mein Schwestersohn ist er", antwortete Madge. „Wenn es Sie stört, daß wir hier stehen, dann sagen Sie es nur, Mrs. Smith, obwohl ich nicht einsehen kann, warum man nicht im Vorgarten stehen soll!"

„Gott bewahre!" versicherte Rosie. „Natürlich stört es mich nicht. Ich war nur ein wenig verwundert, weil Sie das Haus angucken, als würde es gleich in die Luft fliegen."

„Pa will den Türrahmen und die Fenster neu streichen", sagte ich schnell. „Wir haben überlegt, was für eine Farbe paßt."

„Er hat doch erst im vorigen Sommer alles neu gestrichen! Na, es macht ihm sicher Spaß, wenn er was zu tun hat. Deine Ma hat aber Glück mit dem Wetter, Noreen. Nichts als Sonne und kein Tropfen Regen. Hier ist es ja kaum auszuhalten, aber am Meer kann's nie genug Sonne geben. Ist ein Jammer, daß du nicht mitfahren hast können. Ich bin froh, daß du Gesellschaft hast. Was solltest du den ganzen Tag alleine tun?"

Ihre Augen glitten flink von mir zu Jimmy. Madge maß Rosies Lockenwickler mit einem mißbilligenden Blick und schnaufte verächtlich. „Ich habe keine Zeit zum Tratschen", sagte sie. „Ich geh jetzt!"

Rosie kicherte hinter ihr her und hob den Kater auf. Er strampelte und mauzte, sie drückte ihn mit ihren dicken Armen an sich und zwinkerte mir zu. Rosie war gutmütig und nicht leicht zu beleidigen.

Ich ging mit Jimmy ins Haus. Madge wartete im Flur, und sobald wir drinnen waren, schloß sie die Tür ziemlich laut, damit Rosie es hören konnte.

„Madge", flüsterte ich, „wenn es explodiert ..."

Licht fiel aus der Küche in den Flur.

„Wenn's bis jetzt nicht explodiert ist, dann explodiert es nicht mehr", antwortete Madge. „Es ist ihm wieder einmal was schief gegangen!"

„Wem?"

„Frag nicht! Einem der unseren eben! Und dabei hat er geschworen, daß alles in Ordnung ist!"

„Ich habe geglaubt, das ganze Haus fliegt in die Luft, Madge."

„Das wär nicht in die Luft geflogen. Es ist nur so ein Zeug, das stinkt und qualmt wie die Pest. Ich mag gar nicht dran denken, was dein Pa gesagt hätte, wenn es hier losgegangen wäre. Das ganze Haus voller Gestank und Rauch, und womöglich hätte einer der Nachbarn die Feuerwehr gerufen."

Die Küche war so, wie wir sie verlassen hatten. Kohl, Lauch und Karotten lagen auf den Fliesen verstreut. Der Kohlkopf, den ich hatte fallen lassen, war bis zum Herd gerollt. Die Schachtel lag in den Graupen, sie rauchte nicht mehr.

„Die schönen Graupen!“ murmelte Madge. „Aber ich werde sie zusammenfegen, und dann ist nichts verloren. Jimmy, schau mal nach, was los ist. Aber paß auf, daß du nicht in die Graupen steigst.“

Jimmys Ohrläppchen glühten, als er sich auf den Boden hockte und das Päckchen aus den Graupen fischte. Er wollte den Bindfaden aufknüpfen, konnte aber den Knoten nicht lösen und biß ihn mit den Zähnen durch. Dann schlug er das Packpapier zurück und hob den Deckel von der Schachtel. Ich schlich auf Zehenspitzen hin und schaute ihm über die Schulter. In der Schachtel war ein Smith-Wecker, einer von den ganz billigen, die man um ein paar Shilling bekommt, und eine Aluminiumkapsel, die aussah wie eine mittelgroße Schuhcremedose und einen kleinen runden Kopf in der Mitte hatte. Von der Dose führten Drähte zum Wecker, eine halb abgebrannte Zündschnur hing herunter. Jimmy nahm die Dose heraus. Die Zunge zwischen die Zähne geklemmt, schaute er sie so gespannt an wie vorhin die kratzende Grammophonnadel. Er drehte die Dose in den Händen, betrachtete sie prüfend, roch daran und schüttelte den Kopf.

„Warum funktioniert sie nicht?“ fragte ich.

„Weiß es nicht! Sie hätte heute abend losgehen sollen.“

Der Alarmzeiger stand auf neun Uhr.

Jimmy schnüffelte noch einmal an der Dose und klopfte dann damit fest auf die Fliesen.

„Jimmy!“ schrie ich.

Er verzog den Mund zu einem breiten Lachen. Madge sagte, vom Auf-die-Fliesen-Schlagen könne gar nichts passieren, da müßte schon ein Funke den Knopf auf der Mitte der Dose entzünden. Deswegen sei auch die Zündschnur da. Aber wieso die Zündschnur schon jetzt zu glosen angefangen habe und nicht erst um neun Uhr abends, das könne sie sich um alles in der Welt nicht erklären. Auch nicht, warum sie wieder ausgegangen sei, nachdem sie schon ein Stückchen abgebrannt war. Aber das sei, wenn man es recht bedenke, ein großes Glück, denn wie das Haus jetzt aussähe, wenn sie nicht zu glosen aufgehört hätte!

Wir holten Kehrichtschaufel und Besen, suchten eine neue Tüte und sammelten die Graupen sorgfältig ein. Danach verstauten wir alles wieder in der Einkaufstasche: Kohl, Karotten, Graupensack und Lauchbündel. Obenauf legten wir die Schachtel. Vorher zwickten wir die Drähte mit einer Zange durch und nahmen den Wecker heraus, weil er zu schade zum Wegwerfen war, wie Madge sagte.

Ich wollte wissen, wozu man eine solche Rauch-Gestank-Bombe brauchte. Das Haus war fertig aufgeräumt, und wir waren dabei, ein Stew für den Abend vorzukochen. Mein Vater kam mittags nicht heim, sondern nahm ein paar Sandwiches ins Büro mit, damit Madge weniger Arbeit hatte. Die Küche roch nach Röstzwiebeln und schmorendem Schaffleisch.

„Heute abend“, antwortete Madge auf meine Frage, „da wollen unsere Jungen — und frag mich nicht, wer sie sind, denn es ist auch um deinetwegen, daß du nicht zuviel wissen sollst! Weißt schon zuviel und solltest doch nichts damit zu tun haben! — also, heute abend wollen unsere Jungen in ein paar Kinos, wenn der Film anfängt und der Saal gesteckt voll ist, solche Dinger legen und alles ausräuchern.“

„Warum, Madge?“

„Warum?“ wiederholte sie in einem Ton, als verstünde sie nicht, wie man überhaupt fragen konnte. „Für die gute Sache! Damit die Leute hier nicht vergessen, was für ein Unrecht in Irland geschieht!“

Nachdem wir das Stew fertig gekocht hatten, gab es nichts mehr zu tun, und wir konnten in die Chandlers Lane gehen. Jimmy und ich trugen gemeinsam die Tasche, er hatte einen Henkel in der Hand und ich den anderen. Wir schlenkerten mit der Tasche, wir hatten keine Angst mehr, daß das Blechdosending explodieren würde. Auf halbem Weg kamen wir zu einem Haus mit einer großen Toreinfahrt, die in einen gepflasterten Innenhof führte. In der Toreinfahrt stand eine Mülltonne. Neben der Tonne schlief ein schwarzweißgefleckter Hund, die Schnauze zwischen den weit von sich gestreckten zotteligen Läufen. Spatzen badeten im Straßenstaub, ein paar fette Tauben suchten im Rinnstein nach Futter.

Madge schaute sich um. Die Gehsteige waren menschenleer. „Wirf das Zeug in den Müll, Noreen“, bat sie. „Ich bin froh, wenn wir es loshaben.“

Sie klappte den Deckel der Mülltonne hoch, und ich warf die Schachtel hinein. Dabei rutschte der Deckel zur Seite, die Blechdose kollerte heraus und blieb auf einem Haufen verfaulter Salatblätter liegen. Madge klappte die Mülltonne wieder zu.

Der Hund war nicht aufgewacht, nur seine Läufe zuckten im Schlaf. Die Spatzen lärmten, die Tauben hüpften träg zur Seite. Wir wollten gerade weitergehen, als aus dem Innenhof eine alte dicke Frau mit geschwollenen roten Beinen herauswatschelte. Sie trug eine volle Aschentruhe, hob mit einer Hand den Mülltonnendeckel hoch und leerte die Asche aus. Winzige rote Fünkchen stoben auf.

„Komm!“ zischte mir Madge ins Ohr.

Jimmy zerrte an der Tasche, ich ließ meinen Henkel los. Ich starrte die Tonne an. Aus der Tonne quoll dikker, stinkender Rauch. Immer mehr und mehr quoll hervor. Die Aschentruhe schepperte auf das Pflaster. Der Hund fuhr jaulend in die Höhe und schoß davon, den Schwanz zwischen den Beinen eingeklemmt. Die alte Frau hustete. Ich konnte sie vor Rauch nicht sehen, ich hörte sie nur husten, gurgeln und keuchen. Spatzen und Tauben flogen auf, eine flatternde, flügelschlagende Federwolke. Der Rauch biß mir in die Augen.

Madge kam wieder zurück. „Bleiben Sie doch hier nicht stehen!“ rief sie und zog die alte Frau in die Toreinfahrt. Dann packte sie mich am Arm, und wir liefen Jimmy nach. Die Einkaufstasche schlug an seine Beine. Meine Augen juckten und tränten, und ich konnte immer weniger sehen. Wir rannten in die nächste Querstraße hinein.

„Nicht mehr laufen!“ sagte Madge plötzlich leise. Tränen liefen mir aus den Augen, ich sah alles nur verschwommen, die Häuser, den Gehsteig, die Laternenmaste und einen Mann, der auf uns zukam. Ich wischte mir die Augen, aber sie füllten sich gleich wieder mit Wasser. Der Mann war ein Polizist. Er kümmerte sich nicht um uns, er wußte nicht, was in der nächsten Straße geschehen war. Wir ließen ihn an uns vorbeigehen, und sobald er die Straßenecke erreicht hatte, fingen wir wieder zu laufen an.

Auch diesmal bogen wir in eine Querstraße ein.

„Ich habe schon gedacht, jetzt hätten sie uns geschnappt!" sagte Jimmy.

„Ich auch!" sagte ich. „Es war die Asche! Sie war noch ganz heiß."

Meine Augen brannten und waren verschwollen, ich rieb und blinzelte und rieb.

„Das wird gleich wieder gut, Noreen", erklärte Madge. Auch ihre Auge waren rot, tränten aber nicht, sie war viel kürzer im Rauch gestanden als ich.

„Habt ihr den Bobby gesehen?" rief ich. „Der wird aber schauen, wenn er daraufkommt, was in der Mülltonne war!"

Wir lachten. Es war wie damals in Michaels Zimmer, nachdem die Polizei fort war; wir lachten, weil alles gut ausgegangen war. Ich lachte und weinte dabei, es war aber kein richtiges Weinen, nur bissen und tränten meine Augen noch immer. Langsam wurde es besser, und als wir in der Chandlers Lane waren, sah ich wieder klar.

Als wir ins Haus eintraten, öffnete sich die Tür neben dem Treppenabsatz einen Spalt, und der kleine zerstrubbelte Junge guckte heraus. Er lutschte ein klebriges Bonbon und hatte sich Kinn und Mund ganz verschmiert. In der Wohnung plärrte ein Baby.

„Was hat denn euer Baby, Tommy?" fragte Madge. „Ich hab's die ganze Nacht weinen hören."

„Sind Sie es, Mrs. Cassidy?" rief eine Frau aus der Wohnung. Gleich darauf tauchte sie in der Tür auf. Es war Mrs. Evans, die von mir und Michael hatte wissen wollen, warum die Polizei bei den Cassidys gewesen war. Das Haar hing ihr ungekämmt herunter, ihre Bluse hatte vorne einen langen Riß.

„Könnten Sie mir ein bißchen Zucker leihen?“ bat sie. „Mir ist er ausgegangen. Das Baby hat Durchfall, und wenn ich nur einen Moment fortlaufe, schreit es sich die Seele aus dem Leib.“

„Schicken Sie Ihren Tommy zu mir rauf“, antwortete Madge. „Ich habe genug Zucker daheim.“

Mrs. Evans verschwand einen Augenblick und kam mit einer alten Teetasse zurück, die sie Tommy in die Hand drückte. Er schluckte das Bonbon und tappste hinter uns die Treppe hinauf. In der Küche stand ein großer Topf auf dem Herd. Madge füllte die Teetasse mit Zucker und gab dem Jungen noch ein Päckchen Fencheltee. „Für das Baby“, sagte sie. Als er fort war, zündete sie die Gasflamme unter dem Topf an.

„Ich habe Krautsuppe gekocht“, erklärte sie. „Und so viel, daß es auch für Michael reicht. Er ißt zu wenig. Immer hockt er über seinen Büchern. Gestern Nacht war es zwölf vorbei, und ich sah noch Licht hinter seiner Tür. Geh zu ihm und hol ihn, Noreen!“

Ich lief hinüber, klopfte an und öffnete die Tür. Michael saß am Tisch, er schien sich zu freuen, als er mich sah. „Hallo!“ sagte er. „Du bist aber schnell gesund geworden!“

„So krank war ich gar nicht“, antwortete ich.

„Gerade nur soviel, daß du nicht mitfahren mußtest?“

„Hat Madge dir alles erzählt?“

„Ja!“

„Ich bin lieber hier.“

„Und ich wär' lieber am Meer.“

„Du kannst mich besuchen! Pa und ich fahren im August hin.“

„Wie ist die Küste dort?" fragte er. „Gibt es Felsen oder nur Sand?"

„Beides! Die Bucht hat einen Sandstrand. Rund um die Bucht sind Hügel. Bei den Klippen fällt die Küste ganz schön steil ab. Schwimmen kann man dort nicht, es ist zu gefährlich."

„Daheim in Antrim", sagte er, „bin ich immer bei den Klippen geschwommen."

„In Barnmouth sind Felsen im Meer davor. Ich glaube nicht, daß du dort schwimmen kannst."

„Macht nichts! Aber ich würde gern wieder einmal auf Klippen herumklettern."

Auf seinem Tisch lagen wie immer Bücher, eins davon war aufgeschlagen.

„Madge hat eine Krautsuppe gekocht. Willst du mitessen?"

„Da sage ich bestimmt nicht nein. Bleibst du auch hier?"

„Ich muß erst am Abend nach Hause."

Als wir in die Küche kamen, stand Madge vor der Anrichte. Sie nahm die blaugeränderte Kaffeekanne heraus, in der sie ihr Geld aufbewahrte, und gab Jimmy einen Shilling. „Hol zwei Flaschen Bier", befahl sie. „Die Suppe ist gleich fertig."

„Ist heute ein Festtag, Madge?" fragte Michael.

„Ja", sagte Jimmy. „Aber nicht für dich, Mickey! Bloß für uns!"

„Jetzt fang du nicht auch an wie Donal!" schalt Madge. „Ein Glas wird uns gut tun nach dem Schrekken, den wir erlebt haben."

Michael wollte wissen, was los war. Jimmy und ich sahen uns an und brachen in Gelächter aus. Wir redeten so durcheinander, daß Michael daraus lange nicht klug wurde. „Ich dachte schon, unser Haus fliegt in die Luft! ... Und dann hast du noch auf die Fliesen geklopft damit! ... Ich glaubte, das funktioniert nicht ... Und wie es funktioniert hat! ... Wenn die alte Frau nicht gekommen wäre ... Ausgerechnet Asche mußte sie in die Tonne leeren! Wer hat denn heute noch einen Kohlenherd in der Küche ..."

Michael lachte auch, freilich nicht so viel wie wir. Nachdem wir uns wieder beruhigt hatten, ging Jimmy fort um das Bier. Madge röstete am Herd Speckscheiben.

Michael trat zu ihr. „Madge!" sagte er.

Sie wendete die Scheiben geschickt mit der Gabel. Der Speck brutzelte leise. „Ich weiß schon, was du sagen willst", antwortete sie.

„Du hast mir versprochen ..." Er sagte den Satz nicht zu Ende.

Madge rückte schweigend den Suppentopf zur Seite.

„Was hast du versprochen, Madge?" fragte ich.

„Daß sie auf dich aufpassen soll", sagte Michael.

„Ich kann schon selber auf mich aufpassen!"

„Wenn ihr alle im Gefängnis sitzt, dann besuche ich euch!" versicherte er.

„Mit so was sollst du keinen Spaß treiben, Michael", mahnte Madge. „Hast ja recht! Ich hätte das Zeug nie ins Haus der Baileys mitnehmen sollen. Aber es ist nun einmal geschehen und ist gut ausgegangen. Stell die Teller und Gläser auf den Tisch, Noreen. Ich hör Jimmy schon auf der Treppe."

Jimmy kam pfeifend und die Flaschen schwenkend in die Küche. Ich hatte ihn noch nie so vergnügt gesehen. Er stieß Michael in die Seite, stellte die Flaschen auf den Tisch, daß die Gläser klirrten, zog die Verschlußkäppchen herunter und goß das Bier ein. Madge brachte den Topf vom Herd, wir füllten uns die Teller mit Krautsuppe und Speckschnitten, aßen Brot dazu und tranken Bier.

Wir blieben den ganzen Nachmittag beisammen. Madge gab uns Peadars Spielkarten, die vom langen Gebrauch abgegriffen und fleckig waren. Wir spielten Rummy. Meist gewann Jimmy, er spielte langsam und überlegt. Michael war leichtsinnig und lachte nur, wenn er eine besonders gute Karte vergab. Als der Nachmittag fortschritt, wurde ich unruhig, lauschte jedesmal, sobald ich Schritte auf der Treppe hörte, und war enttäuscht, wenn es wieder nicht Donal war. Um fünf Uhr sagte Madge: „Jetzt wird Peadar bald heimkommen und dein Pa auch, Noreen. Es ist Zeit, daß du heimgehst. Laß ihn nicht warten."

Michael bot sich an, mich nach Hause zu bringen, wir verabschiedeten uns und gingen die Treppe hinunter. Draußen auf der Straße war die Luft fast unerträglich dumpf. Die Sonne stand noch ziemlich hoch, wirkte aber hinter einem Dunstschleier seltsam farblos. Der Himmel über den Dächern hatte eine fahlgelbe Farbe.

„Heute gibt's noch ein Gewitter", stellte Michael fest.

Ich antwortete nicht: Donal kam eben auf seinem Fahrrad die Chandlers Lane daher. Als er uns sah, trat er schneller in die Pedale. Er bremste jäh vor uns, sprang aus dem Sattel und lehnte das Fahrrad an den Gehsteigrand, er mußte sehr rasch gefahren sein, denn er atmete schwer und sein Gesicht war erhitzt.

„Wo geht ihr hin?“ fragte er.

„Ich bringe Noreen heim“, antwortete Michael.

Donal strich sich das feuchte Haar aus der Stirn. „Ist nicht nötig, Michael“, sagte er, „das besorge schon ich.“

Er fragte nicht, ob wir damit einverstanden waren, und hängte sich ganz selbstverständlich bei mir ein. Das Fahrrad und Michael ließ er einfach stehen. Ich hatte den ganzen Nachmittag auf ihn gewartet, aber jetzt war es mir nicht recht, daß wir fortgingen, ohne uns um Michael zu kümmern. Ich machte meinen Arm frei und wandte mich um, aber ich sah nur noch, wie sich die Haustür hinter Michael schloß.

„Was hast du?“ fragte Donal.

„Nichts“, antwortete ich.

Wir gingen schweigend durch die Chandlers Lane in die nächste Straße und dann wieder in die nächste. Mir fiel auf, wie still es geworden war. Nicht ein Lufthauch bewegte das Laub der Büsche. Amseln hüpften ohne Laut in den Vorgärten umher, selbst die Spatzen schwiegen. Der fahlgelbe Streifen am Himmel hatte sich violett gefärbt und wuchs rasch.

„Wir hätten ihn mitnehmen sollen“, sagte ich.

„Wen?“

„Michael.“

„Ach den!“

Wieder schwiegen wir. Das Sonnenlicht war merkwürdig matt geworden. „Ich bin wie der Teufel gefahren“, sagte Donal unvermittelt. „Ich dachte schon, ich würde dich nicht mehr treffen.“

„Wo warst du?“ fragte ich.

„Bei Freunden“, antwortete er kurz.

Ich war diese Antwort schon gewöhnt, es war immer die gleiche Antwort, wenn ich fragte. „Warum darf ich nie wissen, wo du bist und was du tust?“ rief ich. „Ich verrate dich doch nicht!“

Er sagte nichts, nahm nur meinen Arm und drückte ihn fest an sich. Plötzlich bog er in eine Nebengasse ein, die in die entgegengesetzte Richtung führte. „Mußt du schon nach Hause?“ fragte er. Sein Atem ging noch immer rasch.

„Nein“, erwiderte ich, obwohl ich wußte, daß mein Vater auf mich warten würde. „Schade, daß du heute vormittag nicht da warst, Donal. Wir haben so gelacht. Madge hatte eine Rauchbombe mit, und die wäre fast bei uns explodiert.“

„Was?“ Er sah mich ungläubig an. „Ist Madge verrückt geworden? Wieso brachte sie das Zeug zu euch?“

„Ich glaube, sie hat es auf dem Weg zu uns von einem eurer Männer abgeholt.“

„Wieso habt ihr gelacht? Das ist kein Spaß.“

„Doch! Es war einer!“ widersprach ich und fing zu erzählen an, aber auf einmal war es wirklich nicht mehr so komisch. Donal lachte nicht, er wurde zornig und ließ meinen Arm los.

„Jetzt ist schon wieder etwas schief gegangen“, sagte er.

„Es ist ja nichts passiert.“

„Darum geht es nicht! Kannst du dir nicht vorstellen, daß so etwas genau zum richtigen Zeitpunkt explodieren muß? Daß das sehr wichtig ist? Darauf muß man sich verlassen können!“

Er vergrub die Hände in den Hosentaschen und hatte für eine ganze Weile die Lust am Reden verloren. Wir waren in ein Viertel mit kleinen verwinkelten Gassen gekommen. Steinstufen mit weißgestrichenen Geländern führten zu den Türen der niedrigen roten Backsteinhäuser. Die Wolkendecke hatte nun die Sonne erreicht und verstärkte einen Augenblick ihr Licht. Das Weiß der Geländer leuchtete auf, alle Farben wurden satter und kräftiger. Der Himmel glühte, aber nur für ein paar Minuten, dann hatten die Wolken die Sonne verschluckt.

In einem offenstehenden Fenster bewegte sich ein Vorhang. Ein Fensterflügel schlug klirrend zu. Der Sturm setzte völlig unvermittelt ein. Papierfetzen fegten daher, Staub wirbelte auf. Die wenigen Fußgänger flüchteten in die Häuser, und die Gasse war im Nu menschenleer.

„Macht dir ein bißchen Sturm was aus?" fragte Donal.

„Überhaupt nicht!"

Wir liefen Hand in Hand dagegen an. Der Wind zerrte an meinem Kleid und kühlte mein Gesicht. An der nächsten Kreuzung schien er aus allen vier Richtungen gleichzeitig zu kommen. Die Gasse führte leicht bergauf, und da alle Häuser einstöckig waren, hatten wir einen weiten Ausblick auf den Himmel. Er war jetzt bleifarben und von grellen Blitzen erleuchtet. Das Gewitter mußte aber weit weg sein, denn der Donner grollte nur schwach.

Eine Regenwand zog rasch näher. Als die ersten Tropfen niederklatschten, suchten wir Schutz in einem Mauerwinkel unter einem vorspringenden Dach. Ich drückte mich an die Mauer. Der Regen prasselte, vor uns schlugen die Tropfen so hart auf die Straße, daß sie hochspritzten. In der Dachrinne gluckerte es zuerst, dann ging das Gluckern in ein gleichmäßiges Rauschen über. Durch eine schadhafte Stelle sprühte es feucht auf mich herunter. Donal bemerkte es und zog mich näher an sich, legte den Arm um mich.

„Ich habe einen Auftrag für nächste Woche", sagte er. „Meinen ersten großen Auftrag."

Sein Gesicht war dicht über meinem. Die dunklen Haare in seiner Stirn glänzten schwarz von der Feuchtigkeit.

„Was ist es?" fragte ich.

„Das darf ich dir nicht sagen."

„Dann sag mir wenigstens, wann es ist, bitte!"

„Warum?"

„Weil ich es nicht aushalte, eine ganze Woche lang dran denken zu müssen. Wenn ich den Tag weiß, ist mir leichter."

Er sah über mich hinweg in den strömenden Regen. „Es ist am Montag", sagte er.

„Hast du Angst?" fragte ich.

Er zögerte und erwiderte dann fast schroff: „Nein!"

„Mußt du es tun? Kann nicht ein anderer ..."

„Ist es für einen anderen weniger gefährlich? Jeder von uns kommt einmal dran. Diesmal bin ich an der Reihe."

„Weiß es Madge?"

„Noch nicht. Wir haben alles erst heute nachmittag besprochen."

Der Sturm legte sich so plötzlich, wie er angefangen hatte. Der Regen fiel gleichmäßig nieder, nicht mehr so heftig wie zuvor, wurde immer schwächer und hörte schließlich ganz auf. Die Dachrinne gluckerte noch einmal und war dann still. Auf dem Straßenpflaster lagen Blüten und Blätter verstreut, die der Sturm losgerissen hatte.

Wir waren viel weiter gegangen, als wir gemerkt hatten, in ein unbekanntes Viertel, wir fragten aber nicht nach dem Weg, sondern wählten nur ungefähr die Richtung. Als wir wieder die vertrauten Straßen erreichten, war es schon spät. Die Laternen brannten, ihr Schein spiegelte sich in den Regenpfützen. Das nasse Pflaster glänzte. Von den Dächern tropfte es, und die Büsche beugten sich schwer vor Nässe. Einmal streiften wir beim Vorübergehen an die Zweige eines Strauches, und ein Schauer von Tropfen löste sich. In einem Wolkenloch blinkte ein Stern.

„Morgen wird es wieder schön", sagte Donal.

„Das glaube ich auch", antwortete ich.

„Sollten wir nicht irgendwo hinausfahren? Wie wär's mit Richmond?"

„Da bin ich schon lange nicht gewesen."

„Gut. Dann komme ich morgen und hole dich ab."

„Du — Donal?"

Er schaute mich fragend an.

„Ich bin froh, daß du es mir gesagt hast. Es wird bestimmt gut gehen."

„Wenn nicht wieder einer etwas falsch macht! Denk am Montag an mich!"

„Darauf kannst du dich verlassen", versprach ich. Wir waren in unsere Straße gekommen und blieben auf dem Gehsteig vor dem Haus stehen. Die Fenster standen offen, im Wohnzimmer brannte Licht.

„Bis morgen also!“ sagte Donal.

Ich schaute ihm nach. Er hatte die Hände in den Hosentaschen, sein Rücken war schmal, und die Schultern waren ein wenig nach vorn gebeugt. In der abenddunklen Straße, im ungewissen Schein der Laternen kam er mir plötzlich einsam und unbeschützt vor, ich mußte mich zurückhalten, um ihm nicht nachzulaufen.

Mein Vater hatte mich gehört und kam mir aus dem Wohnzimmer entgegen. Er hatte den Rock ausgezogen und den obersten Hemdknopf offen. „Wie war's heute?“ begrüßte er mich.

„In Ordnung, Pa. Macht es was, daß ich so spät komme?“

„Nein. Ich konnte mir denken, daß du bei den Cassidys bleiben würdest.“

Ich hatte nicht vorgehabt, meinem Vater von Donal zu erzählen, aber jetzt sagte ich rasch: „Donal hat mich heimbegleitet. Wir machten einen Umweg, und dann hat das Gewitter angefangen. Da mußten wir uns unterstellen. Hast du schon gegessen, Pa? Madge hat ein Stew vorbereitet.“

„Ich habe auf dich gewartet“, sagte er.

Ich schlüpfte aus den nassen Sandalen und zog die Pantoffel an. Mein Vater wärmte das Stew, und ich kochte Tee. Wir aßen wieder in der Küche, den Tee tranken wir im Wohnzimmer. Nachher rauchte mein Vater seine Abendzigarre und las die Zeitung, ich lag auf dem Sofa. Im Radio spielte leise Musik. Durch das offene Fenster strömte frische Luft, im ganzen Haus war es angenehm kühl geworden. Mit wieviel Fragen hätte mich meine Mutter überfallen, weil ich so spät heimgekommen war! Ich schloß die Augen und dachte daran, wie Donal und ich in dem Mauerwinkel gestanden waren, wie die Nässe von oben und unten auf uns gesprüht hatte und wie Donal dann seinen Arm um mich legte.

„Pa!"

Er blickte von der Zeitung auf.

„Morgen möchte ich nach Richmond fahren, Donal hat mich eingeladen. Darf ich?"

„Aber natürlich!" antwortete er.

Mit meiner Mutter hätte es eine lange Diskussion gegeben, und ich hätte — da war ich sicher — zum Schluß das Gefühl gehabt, etwas Verbotenes zu tun. Ich hatte früher gar nicht gewußt, wie gut ich mich mit meinem Vater verstand, es machte mich glücklich, mit ihm allein zu sein.

Vor dem Schlafengehen redeten wir von Ma und Helen und Georgie und was sie wohl heute den ganzen Tag in Barnmouth getan hatten. Ich erzählte von Jimmy und Michael, von der Rauchbombe erzählte ich nichts. Dann fiel mir der nächste Montag ein, und ich wurde schweigsam. Mein Vater fragte mich, ob ich müde sei.

„Ja", antwortete ich.

Ich konnte nicht einschlafen und lag lange wach im Bett. Durch einen Ritz an der Türschwelle schimmerte das Licht der Flurlampe. Irgendwann hörte ich draußen im Gang die Schritte meines Vaters. Er schaltete das Licht ab, und das Haus wurde dunkel und still.

In dieser Nacht träumte ich, daß ich mit Donal flüchten mußte. Es war am Meer, aber nicht in Barnmouth, sondern an einer Küste mit endlosen Sanddünen, wie ich sie in Wirklichkeit noch nie gesehen hatte. Der Sand war zäh wie Morast. Meine Füße sanken ein, ich konnte sie nicht mehr herausziehen, so sehr ich mich auch mühte. Ich versank im Sand. Vom Meer her kam eine riesige, weißschäumende Welle. Ich schrie, aber Donal lief weiter. Das Wasser spülte über mich, ich wollte wieder schreien, brachte aber keinen Laut mehr hervor. An dieser Stelle des Traumes wurde ich wach. Die Bettdecke war zerknüllt, das Kissen naßgeschwitzt.

Eine Weile lag ich da, ohne mich zu bewegen. Durch den dünnen Vorhangstoff zeichnete sich die Straßenlaterne wie ein verschwommener Mond ab. Ich brauchte lange, bis mir ganz klar geworden war, daß ich alles nur geträumt hatte.

Am nächsten Morgen war der Himmel klar und zum erstenmal seit Tagen ohne Dunstschicht. Als Madge mit Donal kam, wollte sie nichts davon hören, daß ich ihr beim Aufräumen half, sie meinte, wir sollten den schönen Tag nützen. Donal und ich fuhren mit der Untergrundbahn nach Richmond und gingen dort in den Schloßpark. Unter den Kronen der alten Bäume war das Gras noch feucht. Ein paar Männer säuberten den Rasen von Laub und Zweigen, die der Sturm heruntergerissen hatte.

„Willst du hier bleiben", fragte Donal, „oder lieber zur Themse gehen?"

„Lieber zur Themse", antwortete ich.

Der Weg zum Fluß führte vom Park durch eine Gasse mit alten Häusern, deren Mauern von Kletterrosen überwuchert waren. Hie und da sah man eine verspätete Rose im Laub. Als wir die Themse erreicht hatten, folgten wir dem Uferpfad. Auf der Böschung wucherten Nesseln, Disteln und anderes Unkraut. Das Gras war vergilbt. Wir suchten uns eine Stelle, wo wir bequem sitzen konnten. Da die Böschung in der Sonne lag, war es hier schon ganz trocken. Die Themse strömte fast lautlos an uns vorüber. Donal streckte sich im Gras aus und beschattete die Augen mit der Hand.

„Heute nacht habe ich von dir geträumt", sagte ich.

Er wandte mir das Gesicht zu.

„Mir hat geträumt", fuhr ich fort, „du und ich wären auf der Flucht. Ich weiß gar nicht wovor. Es war am Meer. Und der Sand war nicht wie Sand. Eher wie Morast. Ich bin steckengeblieben, ich habe gerufen, aber du bist weitergelaufen. Und dann ..."

Ich brach mitten im Satz ab. Donal hatte sich jäh aufgesetzt und sah mich mit einem so eigenartigen Ausdruck in den Augen an, daß ich verlegen wurde. „Du glaubst also doch, ich hätte Angst!" stieß er hervor.

Er zerrte an einem Grasbüschel, riß es mit dem Wurzelballen aus und warf es ins Wasser. Das Grasbüschel klatschte auf. Ein schwacher Wirbel erfaßte es, es drehte sich ein paarmal und trieb dann langsam stromabwärts.

„Es war doch nur ein Traum", verteidigte ich mich. „Du weißt doch, was man für dummes Zeug träumen kann. In Wirklichkeit wärst du bestimmt nicht davongelaufen."

Er riß an einem zweiten Grasbüschel, aber es saß zu fest in der Erde und löste sich nicht. „Ich habe keine Angst", sagte er. „Ich bin nicht so feig wie Michael."

„Michael ist nicht feig."

„Er hat Angst. Er hält sich raus."

„Aber nicht deswegen, weil er feig ist."

„Warum denn sonst?"

„Er meint, daß es nicht richtig ist. Er denkt anders darüber als du und Madge."

„Und du läßt dir alles von ihm einreden!"

„Das ist nicht wahr!"

Ich verstand nicht, was Donal auf einmal hatte. Er sprang auf und stapfte die Böschung hinauf, stapfte den Uferpfad entlang, fort von mir.

„Donal!" rief ich.

Ein Lastkahn tuckerte die Themse herauf, Wellen liefen schräg ans Ufer. Donal schaute weder rechts noch links. Ich lief ihm nach und legte ihm die Hand auf den Arm. Er schüttelte sie ab und ging weiter.

Die Wellen im Kielwasser des Kahnes blinkten, er zog langsam dahin und verschwand hinter der leichten Biegung der Themse. Jetzt blieb Donal stehen. Er wandte sich um, verschränkte die Hände auf dem Rücken und schaute zu mir her.

Eine Weile standen wir da und sahen uns an. Schließlich ging ich auf ihn zu. Er hatte die Hände noch immer auf dem Rücken verschränkt und kam mir nicht entgegen. Sein Gesicht lag im Schatten, weil er mit dem Rücken gegen die Sonne stand.

„Es tut mir leid", sagte ich.

„Was tut dir leid?"

„Daß ich dir den Traum erzählt habe. Aber er hat doch gar nichts zu bedeuten."

„Du kannst das alles nicht verstehen", sagte er, „du hast sowas noch nie gemacht."

Der Fluß neben uns strömte so ruhig, daß er still zu stehen schien. Eine Möwe kreuzte darüber.

Donal starrte seine Schuhspitzen an. „Hast du schon einmal Menschen gesehen, die bei einer Explosion getötet wurden?“

„Nein.“

„Ich schon!“

Die Möwe stieß mit einem schrillen Schrei herunter und stieg wieder auf.

„Das wollt ihr aber doch gar nicht!“ sagte ich.

„Was wollen wir nicht?“

„Daß jemand getötet wird.“

„Nein, das wollen wir nicht. Wir stellen das Zeug so ein, daß es erst in der Nacht explodiert.“

Er legte seinen Arm um meine Hüften und wir gingen weiter. Der Pfad wurde immer schmäler, das Gras stand hoch und streifte raschelnd an unsere Beine.

Vom Montag sprachen wir nicht mehr. Mittags kauften wir uns in einem kleinen Geschäft Fisch und Kartoffelchips, setzten uns in den Park, in den Schatten eines Baumes, und aßen alles gemeinsam auf. Auf dem Weg zur Untergrundbahn fragte Donal, ob ich Lust hätte, zum Viktoria-Bahnhof zu fahren.

„Hast du dort was zu tun?“

„Nein.“

„Warum willst du dann hin?“

„Weil ich gern auf Bahnhöfen bin“, antwortete er etwas zögernd. „Kommst du mit?“

„Ja“, sagte ich.

Ich wäre lieber noch in Richmond geblieben oder in einen der Parks gegangen, aber ich wollte Donal nicht widersprechen. Die Untergrundbahn in die Stadt war fast leer, in unserem Waggon saßen nur ein paar Passagiere. Wir stiegen bei der Viktoria Station aus, gingen die Treppe hinauf und dann durch den langen gekachelten Gang, der zum Bahnhof führte. In der Vorhalle, wo sich die Gepäckaufbewahrung befand, war das Licht gedämpft. Der Eingang schien wegen der Länge der Halle sehr weit weg zu sein. Menschen hasteten an uns vorüber; wie immer auf Bahnhöfen hatte niemand Zeit, keiner kümmerte sich um den anderen.

Unter dem riesigen, eisenverstrebten Glasdach der Abfahrtshalle brütete die Hitze. Die Scheiben wölbten sich gelblich verfärbt und rußgefleckt hoch oben. Dampf zischte aus den Ventilen der Lokomotiven, Züge rollten ein, andere rollten stampfend und polternd aus. Der Dover-Expreß wurde angekündigt. Das Hasten, der ständige Lärm, die lange Reihe der Bahnsteige mit den abfahrbereiten Zügen erfüllten mich mit einer angenehmen, prickelnden Unruhe, ich fing an zu verstehen, warum Donal gesagt hatte, daß er Bahnhöfe liebe.

„Du mußt mich in Barnmouth besuchen, Donal", sagte ich. „So weit ist es gar nicht dorthin."

Er antwortete nicht und schritt weiter, als hätte er nicht zugehört. Mir war schon ein paarmal aufgefallen, wie rasch sich sein Gesichtsausdruck verändern konnte. In der Untergrundbahn hatten wir noch miteinander gelacht, jetzt war sein Blick gespannt, während er ihn langsam umherwandern ließ, ziellos, als nähme er alles, was er sah, gar nicht richtig auf. Ich schob meine Hand unter seinen Arm. Auch das schien er nicht zu merken. Ein Trolley, beladen mit

Gepäck, mußte im letzten Augenblick vor ihm bremsen. Der Fahrer rief ihn ärgerlich an, schwenkte das Trolley zur Seite und fuhr weiter.

„Ich halt's hier nicht mehr aus", sagte Donal plötzlich. „Gehen wir!"

Er rannte fast aus der Halle, stieß mit einem Mann zusammen, der einen schweren Koffer schleppte, entschuldigte sich nicht einmal und mäßigte sein Tempo erst draußen auf der Straße vor der langen Reihe der Taxis, die neben dem Gehsteig warteten. Er warf einen Blick zurück auf die von Staub und Schmutz zerfressene mächtige Vorderfront des Bahnhofs.

„Dieser Lärm kann einen ja verrückt machen", sagte er. „Gehen wir in den St. James Park!"

Seine Stimmung schlug wieder jäh um, er wurde plötzlich vergnügt. Wir querten die Viktoria Straße und bogen vor dem Buckingham Palast nach rechts in den Park ab. Dort schlenderten wir zu dem langgestreckten Teich, über den eine kleine Brücke führt. Enten schwammen auf dem Wasser. Wir blieben eine Weile auf der Brücke stehen, lehnten uns ans Geländer und sahen ihnen zu. Die Bäume brachen den Lärm der umliegenden Straßen, man nahm ihn kaum wahr und hatte den Eindruck, daß es hier friedlich und still wäre.

Dafür war es dann auf der Mall umso lauter. Die Kette der Autos riß nicht ab, und wir mußten eine Weile am Straßenrand warten. Gegenüber der Mall zeichnete sich der St. James Palast mit seinen schwarzweißen Mauern und Türmchen gegen den blauen Himmel ab.

„Morgen bin ich nicht in der Chandlers Lane, aber nächste Woche habe ich immer frei", sagte Donal, als wir die Mall überquert hatten. „Da können wir uns jeden Tag treffen."

„Die ganze nächste Woche? Bis Pa und ich nach Barnmouth fahren?"

„Ja."

Ich versuchte nicht mehr an den Montag zu denken, sondern nur noch an die lange Woche, in der ich Donal jeden Tag sehen würde.

9

Am nächsten Morgen kam Madge nicht, es war einer jener Tage, an denen sie bei einer anderen Familie arbeitete. Auch Donal würde nicht daheim sein, trotzdem ging ich in die Chandlers Lane. Ich wollte Michael treffen, weil es mir noch immer leid tat, daß wir ihn hatten stehen lassen.

Seine Tür war aber abgeschlossen. In der Küche der Cassidys fand ich nur Jimmy. Er hatte die Kappe auf, zog gerade den Rock an und grinste mich scheu an.

„Gehst du weg, Jimmy?“ fragte ich.

„Muß wohl!“ antwortete er. „Ist aber nicht eilig. Magst du Tee? Es ist noch einer in der Kanne.“

„Ich habe schon gefrühstückt.“

„Na, er ist ja auch schon kalt, der Tee.“

„Kann ich ein Stück mitkommen? Michael ist auch nicht da, und ich weiß nicht, was ich tun soll.“

Auf dem Tisch standen noch die Tassen vom Frühstück, Brotkrümel lagen auf dem Wachsleintuch. Madge mußte es am Morgen eilig gehabt haben. Jimmy nahm einen der Krümel zwischen die Finger und spielte damit. „Madge wär's nicht recht, wenn ich dich mitnehme“, sagte er.

„Es macht ja nichts, Jimmy ...“

„Aber mir wär's recht!“

„Gut, dann komme ich mit.“

„Madge wird böse sein.“

„Wir sagen es ihr eben nicht“, schlug ich vor.

„Und wenn sie daraufkommt?“

„Ich halte schon den Mund!“ versicherte ich.

„Schwör mir, daß du mich nicht verrätst!“

„Ich schwöre!“

„Du mußt bei der heiligen Jungfrau schwören.“

„Ich schwöre bei der heiligen Jungfrau, daß ich dich nicht verrate. Und wenn ich auch nicht geschworen hätte, ich würde dich doch nicht verraten, das solltest du schon wissen.“

Er war so erleichtert, daß ich beinahe lachen mußte. Bevor wir die Küche verließen, warf er einen raschen Blick in den Spiegel an der Wand und gab der Kappe einen kleinen Stoß, damit sie etwas flotter saß. Vor dem Haus draußen schaute er unschlüssig umher. „Weißt du, wo ein Uhrengeschäft ist?“ fragte er.

„Hier in der Nähe?“

„Irgendwo in der Stadt drinnen.“

„Da gibt es viele. Wozu brauchst du ein Uhrengeschäft?“

„Weil ich einen Wecker kaufen muß.“

„Einen Wecker?“

„Na ja, so einen Smith-Wecker!“

„Wenn du ihn in der Stadt kaufen willst, fahren wir am besten mit dem Bus.“

Jimmy rückte wieder an seiner Kappe. Er ging ziemlich schnell, und ich mußte mich bemühen, mit ihm Schritt zu halten.

„Warum will Madge nicht, daß ich mit dir gehe, Jimmy?“ fragte ich.

„Weil wir dich raushalten müssen. Und Michael habe ich es auch versprochen. Weißt du, was er gesagt hat? Vorgestern am Abend, nachdem du fort warst?“

„Was denn?"

„Mickey hat gesagt, ich sollte heimfahren." Er verlangsamte seinen Schritt. „Ich wäre auch viel lieber daheim", gestand er.

Am Ende der Chandlers Lane tauchte ein Radfahrer auf, ich dachte schon, Michael käme daher, aber er war es nicht. Der Radfahrer hatte nur dieselben roten Haare wie Michael.

„Vor einem Monat", sagte Jimmy, „haben sie zwei der Unseren beim Weckerkaufen geschnappt."

Ich überlegte. „Bei der Paulskirche ist ein großes Geschäft", sagte ich, „dort merkt sich bestimmt niemand, wer bei ihnen einen Wecker gekauft hat. In ein kleines Geschäft würde ich nicht gehen, Jimmy. Die erinnern sich vielleicht genau, wie wir ausgesehen haben."

Er stieß mit der Fußspitze einen Stein fort, der auf dem Gehsteig lag. Der Stein kollerte auf das Straßenpflaster. „Ich bin mächtig froh, daß ich dir's gesagt habe, ich hätt nicht einmal gewußt, wo ich hingehen soll."

„Hast du nicht Donal gefragt?"

Er schüttelte den Kopf. „Der wird immer so schnell zornig, wenn ich was nicht weiß."

„Und Madge?"

„Wollt' ich ja! Aber sie ist heute früh so schnell fort."

Wir waren zur Haltestelle gekommen. Außer uns wartete sonst niemand. Der Gehsteig war hier ziemlich schmal, ich sah durch ein offenes Fenster in eine Küche, die der Küche der Cassidys glich. Der Gasherd war ebenso alt, nur nicht so sauber geputzt, das

Email war mit einer schmierigen gelblichen Schicht überzogen. Vor dem Abwaschbecken stand eine alte Frau und wusch Kartoffeln. Ich zog Jimmy vom Fenster fort und fragte leise: „Warum schicken sie dich?"

„Die anderen waren schon alle dran."

Trotzdem wunderte ich mich, daß sie es ihm aufgetragen hatten. „Wieso hat man die zwei anderen beim Weckerkaufen geschnappt?"

„Sie haben gleich drei auf einmal verlangt! Und man hat's ihnen halt angemerkt, daß sie Iren sind."

„Dir merkt das jeder auch gleich an. Man braucht dich nur anzusehen, und wenn du den Mund aufmachst, dann weiß man es sicher."

„Es ist ja nur e i n Wecker."

„Ich kaufe ihn besser allein", schlug ich vor.

Er schob die Kappe zurück und kratzte sich am Haaransatz.

„Mir kann gar nichts dabei passieren, Jimmy", versicherte ich. „Wer soll sich schon was dabei denken, wenn i c h einen Smith-Wecker kaufe!"

Er machte noch immer ein zweifelndes Gesicht.

„Glaub mir doch!" redete ich ihm zu. „So ist es viel vernünftiger."

„Hast du keine Angst?"

„Nie im Leben!" sagte ich.

In der Oxfordstreet stiegen wir in einen der zweistöckigen Autobusse um, die zur St. Pauls Kathedrale fuhren. Wir setzen uns oben hin, ganz vorne beim Fenster. Jimmy starrte fasziniert hinaus. Rechts und links stiegen Häusermauern auf, die sich nach vorne zu wie eine Schlucht verengten. Als an einer Kreuzung Rotlicht aufleuchtete, bremste der Bus so jäh, daß wir nicht darauf vorbereitet waren und beinahe von den Sitzen rutschten. Jimmy stieß mit dem Kappenschild an die Scheibe. Er rückte die Kappe wieder zurecht, lachte und erklärte: „Mein Pa und meine Ma sind noch nie in so einem Bus gefahren.“

Als wir aussteigen mußten, war er enttäuscht, daß die Fahrt nicht noch länger dauerte. Ich hatte mir im Autobus alles genau überlegt. Die Straßen waren in diesem Stadtviertel immer sehr belebt, trotzdem sollte Jimmy nicht vor dem Geschäft auf mich warten. Vielleicht erinnerte sich später jemand zufällig daran, wie ich herauskam und Jimmy traf. Es war unwahrscheinlich, aber ich wollte so vorsichtig wie möglich sein.

„Geh in die Pauls Kathedrale“, trug ich Jimmy auf, „setz dich drinnen nieder und warte auf mich. Ich kaufe den Wecker und hole dich nachher ab.“

Er nickte. „Noreen“, sagte er, „in unserem Dorf daheim kommt nur einmal am Tag ein Autobus, und das ist ein ganz alter und wackliger.“

„Du mit deinen Autobussen!“ rief ich. „Hast du mir überhaupt zugehört?“

„Natürlich!“ antwortete er. „Ich soll in der Kirche da auf dich warten.“ Er zeigte auf die Kathedrale schräg gegenüber.

„Dann verschwinde!“ befahl ich.

Er trottete gehorsam los. Plötzlich fiel mir ein, daß ich nur ein paar Pence bei mir hatte, ich lief ihm nach und packte ihn am Rockärmel. „Hast du Geld, Jimmy?“

Er schaute mich erstaunt an.

„Ich brauche doch mindestens ein halbes Pfund, wenn ich den Wecker kaufe“, sagte ich ungeduldig.

„So was! Drauf habe ich ganz vergessen." Er kramte in seiner Rocktasche, zog eine zerknitterte Pfundnote heraus und steckte sie mir zu. Dann querte er die Straße und stieg die Treppe zum Portal der Kirche hinauf. Unter der hohen mächtigen Fassade wirkte er sehr klein.

Ich kehrte um und ging zu dem Uhrengeschäft. Es störte mich, daß die Pfundnote so zerknittert und abgegriffen war. Als ich die Ladentür öffnete, klopfte mein Herz unangenehm laut. Vielleicht kaufte ich gerade jenen Wecker, den sie für den Montag brauchten. Im Autobus war es mir noch aufregend und abenteuerlich vorgekommen, aber jetzt fielen mir zu viele Dinge ein. Die Telefonhütte, das Pferd vom Bierwagen. Mir fiel Michael ein, der nichts damit zu tun haben wollte. Hätte mich die Verkäuferin sofort angesprochen, ich hätte Mühe gehabt, ihr zu antworten. Du kannst es nicht verstehen, du hast so was noch nie gemacht, hatte Donal am Ufer der Themse gesagt.

Ich glaubte, jeder im Geschäft müßte es mir ansehen, warum ich einen Wecker kaufte. Einen billigen Smith-Wecker, den man brauchte, damit eine Bombe zur richtigen Zeit losging. Vor mir standen ein paar Kunden. Die Glasplatte der Theke spiegelte das Licht der Kugellampen wider, die darüber hingen. Eine der Verkäuferinnen hatte dunkle glatte Haare mit einem Knoten im Nacken, die zweite war blond, mit einer kurzen, gewellten Frisur.

Vor mir wurde ein Platz am Ladentisch frei, ich trat hinzu. Die dunkelhaarige Verkäuferin fragte mich nach meinen Wünschen und lächelte mich dabei an, wie sie den Kunden vor mir angelächelt hatte.

„Ich möchte einen Smith-Wecker“, sagte ich.

Die Verkäuferin lächelte weiter, immer das gleiche Lächeln. Sie zog eine Lade auf, holte einen Wecker heraus und zeigte ihn mir. Ich nickte. Sie packte den Wecker in einen bunten Karton, knüpfte eine Tragschlinge und unterhielt sich dabei mit der blonden Verkäuferin. Ich zahlte und verließ das Geschäft, in der einen Hand das Wechselgeld, in der anderen den Karton mit dem Smith-Wecker. Die Ladentür schloß sich hinter mir. Bestimmt wußte die Verkäuferin schon jetzt nicht mehr, wie ich aussah.

Die Kuppel der St. Pauls Kathedrale überragte die anderen Häuser, weiß vor einem wäßrigen Sommerhimmel, eine kalte nüchterne Pracht. Mein Vater sagte, sie wäre eines der schönsten Bauwerke in London, mir war sie aber zu geradlinig, jedes Ornament, jede Verzierung war wie mit Zirkel und Lineal gezogen. Ich stieg die Treppe hinauf und ging durch das Portal. In der Kirchenhalle fröstelte mich. Jimmy hockte hinten in einer Bank, die Kappe auf den Knien. Als ich zu ihm trat, sprang er auf. Die Kappe fiel zu Boden, er hob sie auf und bürstete sie sorgfältig ab.

„Hast du's?“ flüsterte er.

„Freilich! Da — schau!“

Draußen vor dem Portal setzte er die Kappe auf. Ich gab ihm das Wechselgeld.

„Was tun wir jetzt?“ fragte ich.

„Ich muß Freunde treffen, um halb eins“, antwortete er. „In Charing Cross. Bei der Untergrundstation.“

„Jetzt ist es erst elf Uhr. Da haben wir noch Zeit.“

„Magst du mit dem Bus fahren?“ fragte er.

„Wohin?“

„Einfach rumfahren!“

„Na schön!“ antwortete ich.

Wir fuhren — mit zweistöckigen Autobussen, denn andere wollte Jimmy nicht nehmen — zuerst nach Covent Garden und dann zum Trafalgar Square. Von dort wanderten wir über White Hall zur Westminsterbrücke, kletterten die Böschung zur Themse hinunter und setzten uns auf die Ufersteine. Wenn ich den Kopf halb wandte, konnte ich über den Brückenbogen die lange Front des Parlamentsgebäudes sehen, mit seinen Türmchen und seinem Zierat. Das Parlament hatte eine warme braune Farbe, war nicht so kaltweiß wie die St. Pauls Kathedrale. Die Themse roch unangenehm wie immer an Sommertagen.

Ich schnürte das Päckchen auf und nahm den Wecker heraus. „Ist es der richtige?“ fragte ich.

Jimmy warf einen flüchtigen Blick darauf. „Der stimmt schon!“ sagte er.

Der Wecker war aufgezogen, er tickte. Ich packte ihn wieder ein. Jetzt, da es mir bewußt geworden war, hörte ich ihn weiter ticken, leise ticken in seinem bunten Karton.

„Ich habe einen Brief von Ma bekommen“, sagte Jimmy. „Mollser hat ein Kälbchen!“

„Wirklich?“

„Ja.“

„Wie sieht es aus?“

„Braun wie Mollser. Und auf der Stirn hat's einen weißen Fleck. Ma schreibt, es hat gleich getrunken, kaum stand's auf den Beinen. Das wird eine gute Kuh.“ Er rupfte Gras aus, das zwischen den Steinen wuchs, rieb die Halme zwischen den Fingern und roch daran. „Daheim riecht das Gras besser", stellte er fest.

Am Horizont, über den Häusern jenseits der Themse, quollen Wolken auf, einzelne weiße Ballen. Ich hätte gern gewußt, ob Jimmy und Donal den Wecker für den Montag brauchten, aber wenn ich fragte, verriet ich Donal. Die Wolken am Himmelsrand wuchsen, wurden zu einem kleinen Wolkengebirge.

„Jimmy", sagte ich, „wenn einer von euch eine Bombe legt, und es kommt jemand dort hin, den ihr kennt, und die Bombe explodiert, und es erwischt ihn ..."

Er runzelte die Stirn. „So was würden wir doch nie tun, Noreen!"

„Es könnte ja ein Zufall sein! Oder es erwischt irgend jemanden ... hast du noch nie dran gedacht, daß so was passieren könnte?"

„Nein", antwortete er.

Er steckte einen Halm zwischen die Zähne, kaute gedankenverloren daran und spuckte ihn wieder aus. „Michael meint, ich soll es Flann nennen", fuhr er fort.

„Wen?"

„Das Kalb! Flann wär ein schöner Name. Glaubst du auch, daß ich es Flann nennen soll?"

„Ja, das gefällt mir."

Einer der Wolkenballen, die am Himmel aufstiegen, war nicht mehr weiß, sondern grau. Ein leichter Wind kräuselte das Wasser, auf einmal wehte es kühl zu uns her. Vom Big Ben her hallten Glockenschläge. Ich zählte mit. Es war zwölf Uhr.

„Jetzt mußt du gehen, Jimmy", sagte ich.

„Kommst du mit?" fragte er. „Nur bis zur Untergrundbahn."

„Dann sieht uns womöglich einer von deinen Leuten, und das willst du doch nicht?"

„Hast recht", sagte er.

Wir stiegen die Böschung hinauf. Oben auf der Straße bemerkte ich, daß wir den Wecker vergessen hatten. Das Päckchen lag noch immer auf den Ufersteinen.

„Du hast den Wecker liegen lassen", sagte ich.

Jimmy kletterte noch einmal hinunter, hob das Päckchen auf, steckte es ein und kam zurück. „Du brauchst nur die Themse entlang gehen", erklärte ich. „Gleich nach der Eisenbahnbrücke ist die Charing Cross Station."

Er nickte.

„Mach's gut!" sagte ich.

Er schritt langsam aus, die Hände in den Hosentaschen. Ich sah ihm nach, bis er zwischen den anderen Fußgängern verschwunden war. Plötzlich kam ich mir sehr allein vor. Ich wünschte, Donal hätte keinen Auftrag bekommen. Ich wünschte, ich wäre nicht in das Uhrengeschäft bei der St. Pauls Kathedrale gegangen, um einen Smith-Wecker zu kaufen. Den Wecker, bei dem jemand den Alarmzeiger auf eine bestimmte Zeit stellen würde, nachdem er ihn mit einer Zündkapsel verbunden hatte.

Daheim war niemand zu Hause, auch bei den Cassidys nicht. Trotzdem fuhr ich in die Chandlers Lane. Als ich von der Haltestelle her einbog, trat Michael aus dem kleinen Laden an der Ecke. Er trug eine Milchflasche und hatte einen halben Laib Brot unter den Arm geklemmt, sah mich und kam mir über die Straße entgegen.

„Hallo!“ rief er und schwenkte die Milchflasche.

Ich hätte nie geglaubt, daß ich mich so freuen würde, Michael zu treffen. Er hatte die Hemdsärmel hinaufgekrempelt. Seine Haut war hell, wie so oft bei Rothaarigen, war nicht braun wie Donals Haut. Das feste dichte Haar glänzte in der Sonne noch röter.

„Gib mir das Brot!“ sagte ich. „Dir wird es gleich hinunterfallen.“

Er lachte und gab mir den halben Laib. Michael lachte oft, Donal lachte so selten.

„Wie war's in Richmond?“ fragte Michael.

„Schön!“ antwortete ich. „Und was hast du getan?“

„Ich bin daheimgesessen und habe studiert.“

„Vorgestern abend . . . das wollte ich nicht.“

„Was wolltest du nicht?“

„Dich einfach stehenlassen! Ich hätte es schon gern gehabt, wenn du mitgekommen wärst.“

„Dafür hat mich das Wetter nicht erwischt! Seid ihr naß geworden?“

„Ziemlich.“

Er schaute prüfend den Himmel an. „Heute kommt vielleicht auch Regen“, stellte er fest.

Es tat gut, vom Wetter zu reden und von anderen Dingen, die nichts mit dem Smith-Wecker zu tun hatten.

„Hast du schon gegessen?“ fragte Michael.

„Nein.“

„Ich auch nicht. Dann können wir es gemeinsam tun.“

Wir waren vor dem Haus Nummer Vier angekommen, traten ein und gingen nebeneinander die Treppe hinauf, in Michaels Zimmer.

10

Der Regen kam erst Sonntag nacht. Er weckte mich, kaum daß ich eingeschlafen war. Die Tropfen trippelten aufs Fensterblech, es rauschte eintönig. Ich blieb ruhig liegen. Ich hatte den Samstag und Sonntag mit meinem Vater verbracht und war nicht in der Chandlers Lane gewesen, ich hatte geglaubt, dieses Wochenende würde ewig dauern und nie vorübergehen, aber jetzt war es schon Sonntag nacht und morgen war Montag. Am Nachmittag war ich mit meinem Vater im Schloß von Hampton Court gewesen, wir waren im Park dort in den Irrgarten gegangen, hatten lange nicht herausgefunden, waren dann im Gras unter einem Baum gelegen. Ich hatte von Michael erzählt und von Jimmy und seinem Kalb, das Flann heißen sollte. Von Donal hatte ich nicht gesprochen, aber ich hatte an ihn gedacht. Wie ich so dalag im Bett, wach und doch nicht ganz wach, war ich sicher, daß morgen alles gut gehen würde. Ich streckte mich, genoß die Wärme des Bettes und die Müdigkeit und schlief wieder ein.

Am Morgen regnete es nicht mehr, der Himmel war aber noch mit Wolken bedeckt. Bald nach dem Frühstück kam Madge. Ich beobachtete sie, während sie das Haus aufräumte; sie benahm sich, als wäre heute ein ganz gewöhnlicher Tag. Wir machten gemeinsam die Betten. Madge schüttelte das Kissen meines Vaters auf, ließ es plötzlich sinken und fragte: „Hast du was, Noreen?"

„Ich? Nein, Madge!"
„Kommst du mit mir nach Hause?"
„Ja. Sind Jimmy und Donal daheim?"
Sie nickte, strich die Bettdecke glatt und musterte mich wieder kurz und prüfend. „Die zwei sitzen wahrscheinlich beim Kartenspielen", sagte sie, „und schlagen die Zeit tot."
Sobald wir fertig waren, schlossen wir das Haus ab und gingen zur Chandlers Lane. Es war windstill, die Büsche in den Vorgärten standen reglos da, manchmal rollten Tropfen vom nassen Laub. Unter dem grauverhangenen Himmel wirkten alle Farben gedämpft. Madge und ich gingen schweigend nebeneinander her. Auch unsere Schritte klangen in der feuchten Luft gedämpft. In der Chandlers Lane hatte der Regen Schmutz und Abfall in den Rinnstein geschwemmt und das Straßenpflaster gewaschen.
Jimmy und Donal saßen wirklich beim Kartenspielen. Jimmy rückte ein Stück beiseite, damit ich auf der Bank Platz hatte. Er mischte geschickt die Karten.
„Was hast du gestern getan, Noreen?" fragte Donal.
„Ich war mit Pa in Hampton Court. Und was habt ihr getan?"
Er gab keine Antwort, lächelte nur ein wenig und klopfte mit dem Finger auf die Tischplatte, wie zum Takt einer Melodie.
„Willst du mitspielen?" fragte Jimmy.
„Ich schau zu", antwortete ich.
Madge machte sich am Herd zu schaffen. Das Kartoffelwasser brodelte, die Gasflammen zischten, sonst war es ganz still, bis auf das leichte Klatschen der Karten auf dem Tisch, wenn Jimmy und Donal aus-

spielten. Ich sah ihnen zu, die Füße auf die Tischleiste gestützt, und wunderte mich, daß Donal so ruhig hier saß, vertieft in das Spiel, als gäbe es nichts Wichtigeres.

Jimmy gewann und teilte wieder aus. Donal studierte die Karten und ordnete sie in seiner Hand. Er hatte den Kopf gesenkt, war konzentriert und aufmerksam. Auf einmal kam es mir unwahrscheinlich vor, daß es wirklich heute sein sollte. Ich fing an zu glauben, daß es aus irgendeinem Grund verschoben worden war oder daß andere den Auftrag übernommen hatten.

Als die Kartoffeln gar waren, schälte ich sie. Jimmy legte die Spielkarten auf den Wandbord und deckte den Tisch. Madge gab jedem von uns einen großen Schöpflöffel Kohl in den Teller.

„Eßt nur tüchtig!“ mahnte sie.

Nach dem Essen holte Jimmy die Karten wieder vom Bord herunter und warf sie auf den Tisch. „Du bist dran zum Geben, Donal“, sagte er.

„Ich habe keine Lust mehr“, antwortete Donal. Er schob die Karten beiseite — eine flatterte auf den Boden —, trat ans Fenster und lehnte sich an den Sims. Hinter seinem Rücken sah ich die schmutzige, feuchtfleckige Feuermauer und einen schmalen Streifen grauen Himmel.

Donal warf einen flüchtigen Blick auf die Uhr an der Wand, eine alte Uhr mit einem Zifferblatt aus Porzellan, auf dem Hagedornzweige gemalt waren. Die verschnörkelten Zeiger hatten lange spitze Enden, der Stundenzeiger war vorne ein wenig verbogen, und an einer Stelle war ein Eckchen vom Zifferblatt abgesplittert. Madge hatte die Uhr aus Irland mitgebracht wie den Speiseschrank in der Schlafkammer. Als Donal auf die Uhr schaute, blickte ich ebenfalls hinauf. Es war ein Uhr vorbei.

„Ja, jetzt ist es bald so weit, Noreen", sagte er.

Ich hob den Kopf, der Streifen grauen Himmels verschwand aus meinem Blickfeld, und die Feuermauer füllte das Fenster hinter Donal aus. Madge wandte sich jäh um.

„Du hast ihr's gesagt, Donal?" fragte sie.

„Ich habe ihr gesagt, daß ich heute einen Auftrag habe."

„Das hätte ich mir denken können", antwortete sie kurz. Sie holte aus der Anrichte das Blechschaff, in dem sie immer Geschirr spülte, stellte es auf den Schemel und zündete das Gas unter einem Topf mit Wasser an. Die Flammen waren durchsichtig bläulich und hatten gelbe Spitzen.

„Warum soll sie es nicht wissen?" verteidigte sich Donal. „Sie hält zu uns!"

„Darüber brauchen wir nicht zu reden", sagte Madge. „Nur wäre es ihretwegen besser, sie wüßte es nicht. Aber nun ist es einmal geschehen, und wenn ich dir Vorwürfe mache, nützt es auch nichts."

Donal pfiff leise vor sich hin, trat an den Tisch, bückte sich und hob die Spielkarte auf, die hinuntergefallen war. „Es ist ein Joker", sagte er.

Jimmy grinste. „Ein Joker bringt Glück."

„Wir können es brauchen", antwortete Donal. Er begann in der Küche auf und abzugehen. Die Küche war klein, es waren genau fünf Schritte, die er jedesmal machte. Fünf Schritte vor und fünf Schritte zurück. Er schien vergessen zu haben, daß wir hier waren, ging auf und ab und auf und ab. Fünf Schritte. Wieder fünf. Noch einmal fünf. Plötzlich blieb er mitten in der Küche stehen und sagte: „Heute abend feiern wir!"

„Zuerst müßt ihr mir gut heimkommen!" sagte Madge. „Und dann kannst du vom Feiern reden."

Donal lachte. Er knöpfte sich den Hemdkragen auf, als wäre ihm heiß, nahm seinen Rock, der an einem Haken neben der Tür hing, und schlüpfte hinein. Jimmy erhob sich zögernd, wollte ebenfalls seinen Rock herunternehmen. War Jimmy heute auch dabei?

„Was habt ihr denn?" fragte Madge. „Laßt eure Röcke ruhig hängen! Ja, so ist's recht, Jimmy. Bleib nur sitzen. Wirst sehen, wie schnell die Zeit vergeht. Auf einmal ist es halb drei, und du wirst nicht wissen, wo die Zeit hingekommen ist."

„Wozu sollen wir warten?" fragte Donal. „Wir können jetzt so gut gehen wie später."

„Weil es so abgesprochen wurde, Donal!"

Er sagte, das sei doch nicht wichtig. Er wolle nicht mehr herumstehen. Er wolle jetzt schon gehen. Und Jimmy müsse mitkommen. Er sagte es zwei oder dreimal hintereinander.

„Nein!" erklärte Madge. „Jimmy geht jetzt nicht mit dir."

Die Farbe wich aus Donals Gesicht.

„Setz dich!" befahl sie.

Er stieß sie zur Seite, wollte an ihr vorbei zur Tür. Aber Madge war schneller, sie kam ihm zuvor und stellte sich ihm in den Weg. „Du kommst mir nicht raus aus der Küche", sagte sie. „Keinen Schritt, bevor ich dir's nicht erlaube. Glaubst du, ich lasse es zu, daß du die anderen in Gefahr bringst? Wärst nicht der erste, der eine Dummheit macht, nur weil er nicht die Nerven hat zum Durchhalten."

Donal rührte sich nicht vom Fleck, er starrte Madge an.

„Setz dich!" sagte sie ein zweitesmal.

Da setzte er sich. Sie trat zu ihm, legte ihm die Hand auf die Schulter und sagte, ohne sich nach mir umzuwenden: „Mach Tee, Noreen! Nichts beruhigt so wie ein Schluck heißer Tee."

Ich stellte den Teekessel auf die Flamme. Madge stand vor Donal und verdeckte ihn, ich sah nur seine Hände, die auf dem Tisch lagen. Er hatte sie so fest gefaltet, daß die Fingerspitzen rot und die Knöchel weiß waren.

Der Dampf strömte aus dem Kessel, ich brühte Tee auf, trug die Tassen zum Tisch und goß Milch und Tee ein. Madge stand noch immer vor Donal. Ich schob ihm die Tasse hin, er trank hastig Schluck auf Schluck und achtete nicht darauf, daß der Tee noch zu heiß war.

„Madge, da ist deine Tasse", sagte ich.

Sie nahm ihre Hand von Donals Schulter und strich ihm über den Kopf. „Weiß doch, wie schwer das Warten ist", sagte sie. „Das weiß ich doch! Man möchte es hinter sich bringen, und die Uhr tickt auf einmal so langsam, viel langsamer als sonst, und der Zeiger will nicht weiterrücken. Aber was hilft's? Ihr könnt es nicht ändern. Bei mir ist es umgekehrt, mir tickt die Uhr zu schnell, und ich kann's auch nicht ändern."

Wir tranken schweigend. Als Donals Tasse leer war, füllte ich sie wieder.

„In Hampton Court war ich noch nie", sagte er unvermittelt. „Stimmt es, daß dort im Park ein Irrgarten ist?"

„Ja", antwortete ich. „Pa und ich hätten fast nicht mehr herausgefunden."

Jimmy wußte nicht, was ein Irrgarten war. Wir erklärten es ihm. Als der Irrgarten erklärt war, redeten wir von etwas anderem. Ich erinnere mich nicht, wovon wir redeten, ich bin sicher, daß wir nur redeten, damit wir nicht still am Tisch saßen. Kaum machte einer eine Pause, begann schon der nächste.

Nach einiger Zeit bemerkte ich, daß Donal immer öfter zur Uhr hinaufblickte. Es wurde zwei Uhr. Die Zeiger wanderten weiter, von Minute zu Minute mit einem kleinen Ruck. Ich weiß nicht, wann wir zu reden aufhörten. Irgendwann hörten wir auf und saßen schweigend da. Um halb drei stand Donal auf. Madge schaute kurz zur Uhr hinauf, nickte Jimmy zu und erhob sich. Jimmy war ungeschickt, er stieß an den Tisch und streifte beinahe seine Teetasse hinunter.

„Jetzt hätt ich dir fast die Tasse kaputtgeschlagen", sagte er zu Madge.

„Das wäre kein Unglück gewesen", erwiderte sie.

Sie wartete, bis er den Rock angezogen hatte. Dann zeichnete sie ihm mit dem Daumen ein Kreuz auf die Stirn, umarmte ihn, küßte ihn auf beide Wangen und hielt ihn eine Weile fest. Dabei sprach sie kein Wort. Nachher trat sie zu Donal, bekreuzigte auch ihn und küßte ihn ebenfalls.

„Mach dir keine Sorgen, Madge", sagte er. Seine Stimme klang heiter. „Warte auf uns, Noreen! Wenn du willst, kannst du für uns beten. Das schadet nie!"

Ich sah ihnen von der Türschwelle aus nach. Donal schritt rasch die Treppe hinunter, Jimmy stapfte ihm nach. Unten am Treppenabsatz hockte der kleine Tommy Evans, den Daumen im Mund. Donal und Jimmy verschwanden hinter dem Mauervorsprung neben der Treppe. Die Haustür fiel zu. Ich hielt es nicht mehr aus und lief die Treppe hinunter. Als ich auf die Straße trat, waren Donal und Jimmy schon ein paar Häuser weiter. Sie sangen die Wexford Boys, Jimmys Lieblingslied.

Ich ging wieder ins Haus, vorbei an Tommy, der noch immer daumenlutschend auf der Treppe saß, die Stufen hinauf und zurück in die Küche.

Madge goß heißes Wasser ins Schaff und wusch das Geschirr ab, die Teller, auf denen die Kohlreste schon eingetrocknet waren, die Löffel und Gabeln und die Tassen. Zum Schluß schwenkte sie den Teekessel mit einem Rest warmen Wassers aus dem großen Topf aus.

„Geh jetzt heim, Noreen“, sagte sie.

„Ich bleibe da“, antwortete ich.

Sie schüttelte den Kopf. „Es ist besser, wenn du gehst. Es kann sein, daß die Polizei kommt.“

„Ich gehe nicht heim, Madge.“

Ich erwartete, daß sie mir widersprechen würde, und war entschlossen, zu bleiben, was immer sie auch sagen würde. Madge feuchtete einen Lappen an und rieb den Teekessel sauber. Sie rieb jedes kleinste Fleckchen, hielt den Kessel gegen das Licht, drehte und wendete ihn, betrachtete ihn prüfend und rieb weiter. Die Bewegungen ihrer Hände waren sehr langsam. Schließlich legte sie den Lappen weg und fing an, den Kessel mit einem weichen Tuch zu polieren. Auch dazu brauchte sie sehr lange, sie wischte und wischte auch dann noch, als der Kessel schon längst glänzte.

„Nun ja, eine halbe Stunde magst du noch bleiben", sagte sie.

Dann nahm sie das Scheuerpulver und begann den Herd zu reinigen. Wieder arbeitete sie langsam und sorgfältig, kratzte mit einem Messer die fettigen Schmutzkrusten aus den Ritzen und Fugen. Durchs Fenster drang kein Laut von draußen. Ich lauschte auf das Knirschen des Scheuerpulvers, auf das schabende Geräusch des Messers. Es war drei Uhr. Wo waren Jimmy und Donal jetzt? Sie hatten nichts bei sich gehabt, als sie das Haus verließen, aber ich wußte ja, wie es vor sich ging. Irgendwo wartete jemand auf sie, der ihnen eine Aktentasche oder ein Paket in die Hand drückte. Und in der Aktentasche oder in dem Paket würde die Bombe sein und ein Wecker, der auf eine bestimmte Zeit eingestellt war. Ich würde nicht nach Hause gehen. Madge wollte, daß ich mich heraushielt, aber es war zu spät, ich konnte mich nicht mehr heraushalten.

Unten wurde die Haustür geschlossen, ein dumpfer Laut, der mir nur deshalb auffiel, weil ich so gespannt horchte. Auch Madge hatte es gehört, sie richtete sich auf und legte das Scheuerpulver weg. Jemand kam in den ersten Stock heraufgelaufen. Im nächsten Augenblick flog die Küchentür auf.

Es war Michael.

„Gott, hast du mich erschreckt", sagte Madge. „Mußt du so reinstürzen, als würde das Haus brennen?"

Michaels Gesicht war unnatürlich rot, so daß die Sommersprossen nicht mehr zu sehen waren. Er keuchte, ließ die Augen durch die Küche gleiten, ohne Notiz von mir zu nehmen, und stieß hervor: „Wo sind Donal und Jimmy?"

„Die sind fortgegangen", sagte Madge. „Du siehst doch, daß sie nicht da sind. Heilige Mutter Gottes, was hast du denn, Michael? Warum starrst du mich so an? Willst du mich verrückt machen?"

„MacNeela ist verhaftet worden, Madge."

Ich hatte keine Ahnung, wer MacNeela war, aber daß man ihn verhaftet hatte, mußte etwas sehr Schlimmes bedeuten. Madge wurde grau im Gesicht, sie tastete mit den Händen nach der Herdkante.

„Ich war bei Charlie. Er schickt mich", sagte Michael. „Die Polizei hat Pläne bei MacNeela gefunden. Charlie glaubt, daß Jimmy und Donal und Rory einen Auftrag für heute haben. Ist es wahr, Madge?"

Ihre Hände hatten endlich die Herdkante gefunden und klammerten sich daran fest. Sie sah plötzlich sehr alt aus. „Jimmy und Donal sind zum Viktoria-Bahnhof", murmelte sie.

„Wann, Madge?"

„Vor einer halben Stunde", antwortete sie tonlos, als sagte sie etwas Eingelerntes auf. „In der Halkinstreet wartet Rory auf sie."

„Ich fahre ihnen nach", sagte Michael. Sein Gesicht war nicht mehr ganz so rot, die Sommersprossen traten wieder hervor. Er packte Madge am Arm. „Wenn die Polizei kommt, dann weißt du von nichts und hast keine Ahnung! Charlie warnt die anderen. Ich hole Jimmy und Donal bestimmt ein, ich habe das Fahrrad. Hörst du, Madge?"

Er rannte aus der Küche, nahm sich nicht einmal

Zeit, die Tür hinter sich zu schließen. Madge rührte sich nicht. Ich lief in den Gang hinaus, sah gerade noch, wie Michael die letzten Stufen hinuntersprang und lief ihm nach. Auf dem Treppenabsatz hockte noch immer Tommy, aus der Wohnung drang die keifende Stimme seiner Mutter: „Jesus, was soll das ewige Gerenne?"

Ich stolperte über die Türschwelle. Ich schrie: „Michael!"

Er schwang sich aufs Fahrrad, wandte sich kurz um, beugte sich dann über die Lenkstange, trat in die Pedale und verschwand um die nächste Straßenecke.

Ich begann zu laufen. Ein Hund bellte kläffend. Meine Sandalen glitten auf etwas Schlüpfrigem aus, ich taumelte, fing mich wieder und stieß dabei mit der Schulter gegen einen Laternenmast. Es tat sehr weh. Ich lief weiter.

Die Gegend war mir so vertraut, daß ich fast ohne zu denken die Richtung zum Viktoria-Bahnhof einschlug. Zuerst waren die Straßen nur wenig belebt. Mein Atem keuchte, die Sandalen klapperten auf den Pflastersteinen. Ich kam an Haltestellen vorbei, aber an keiner stand ein Wagen, und ich war unfähig, auf einen zu warten, vielleicht endlos lang zu warten.

Bei der Oxfordstreet überquerte ich die Fahrbahn, ohne auf den Verkehr zu achten. Ein Auto bremste so jäh, daß die Reifen quietschten. Ich rannte weiter. Schweiß tropfte mir über die Lippen, ich bekam einen salzigen Geschmack in den Mund.

Dann konnte ich nicht mehr laufen. In den Seiten stach es, die Schulter schmerzte, und mein Herz hämmerte wie verrückt. Ich blieb einen Augenblick stehen, rang nach Atem und versuchte wieder zu laufen, hatte aber nicht die Kraft dazu. Ich stolperte vorwärts und dachte daran, wie lange Jimmy und Donal gebraucht hatten, als sie zur Wigmorestreet gegangen waren. Sie waren dahingeschlendert, waren kreuz und quer durch Hintergassen gegangen. Und Michael hatte das Fahrrad, bestimmt holte er sie ein, bevor sie zum Bahnhof kamen.

Ich wurde ruhiger und überlegte schon, ob ich nicht umkehren sollte. Aber ich war nun im Viertel von Westminster, ganz nahe vom Viktoria-Bahnhof, und bevor ich in die Chandlers Lane zurückging, wollte ich mich überzeugen, daß wirklich alles in Ordnung war.

Als ich aber zum Bahnhof kam, wußte ich, daß Michael zu spät gekommen war. Niemand mußte es mir sagen. Eine dichte Menge verstopfte die Straße. Noch nie hatte ich so viele Menschen vor dem Bahnhofsgebäude gesehen. Die lange Reihe der Taxis auf der einen Seite der Straße war von ihren Fahrern verlassen, die Autobusse gegenüber standen leer da, ohne Fahrgäste und Schaffner. Auf den Gehsteigen patrouillierten Polizisten.

Die Menschen standen so dicht, daß ich nicht durch konnte. Ich stellte mich auf die Zehenspitzen und sah nichts als Köpfe vor mir. Ich stieg auf das Trittbrett eines Taxis. Nun sah ich die dunkle Wölbung der Eingangshalle, darüber ein paar rußige Ornamente. Ich sprang herunter, entdeckte eine Lücke, schlüpfte durch und zwängte mich weiter. Ich hörte Stimmen, nahm aber nicht wahr, was gesagt wurde. Jemand drängte mich an den Rücken eines breitschultrigen Mannes. Die Menschen rund um mich schwankten hin und her wie auf einem Schiff bei hohem Seegang. Ich machte die Augen zu und öffnete sie wieder. Die Menschen schwankten nicht mehr. Ich wurde gegen eine Mauer gedrückt. Die Mauer war rauh, ich entdeckte einen schmalen Vorsprung und kletterte hinauf, fand kaum Halt und mußte mich mit den Händen an einer Kante festklammern, um nicht hinunterzufallen.

Eine Kette Polizisten sperrte den Bahnhofseingang ab. Ein Ambulanzwagen stand dort. Im Gegenlicht sah ich in der Halle undeutlich Gestalten. Dann verstummte die Menge plötzlich. Aus der Halle wurden zwei Bahren getragen. Auf der ersten Bahre lag ein kleiner Junge. Er war bis zum Hals zugedeckt, sein Gesicht war blutig. Über jenen, der auf der zweiten Bahre lag, war eine Decke gebreitet worden. Unter der Decke zeichnete sich der Körper ab.

Meine Knie zitterten, meine Hände wurden taub, ich mußte die Kante loslassen, glitt zu Boden und blieb auf den Pflastersteinen hocken.

Ich weiß nicht, wie lange ich dort hockte. Als ich aufblickte, hatte die Menschenmenge schon angefangen, sich zu zerstreuen. Eine Frau beugte sich zu mir herunter. „Ist dir nicht gut?" fragte sie. „Komm, steh auf! Ich bringe dich in den Bahnhof hinein. Wenn du einen Schluck trinkst, wird dir gleich wieder besser."

Die Frau war jung. Ihre Stimme war freundlich.

Ich schüttelte den Kopf, stand auf und ging fort.

Ich ging langsam, ging den gleichen Weg, den ich vor ein paar Tagen mit Donal gegangen war. Als ich den Park erreichte, begann es zu regnen. Es war ein warmer dünner Regen. Ich ging über die Brücke, die Tropfen fielen leicht aufs Wasser und zerstörten den Spiegel nicht. Der Regen befeuchtete mein Gesicht.

Es stimmte nicht, daß ich kein Wort verstanden hatte. Der breitschultrige Mann hatte gesagt: „Einen hat's erwischt, und den anderen haben sie verhaftet." Ich hatte es deutlich gehört.

Ich ging weiter. Ich wartete auf dem Gehsteig der Mall, bis ich die Straße überqueren konnte. Der Regen hörte wieder auf. Die Wolkendecke riß einen Spalt auf, Strahlenbündel ließen die Türme des St. James Palastes und einzelne Flecken im Laub der Bäume am Straßenrand aufleuchten.

Ich kam zu einer Haltestelle, stieg in einen Bus und setzte mich hinten hin. Das letzte Stück bis zu unserer Straße ging ich wieder zu Fuß. Niemand war auf der Straße, nur Rosies Kater saß unter einem Busch und sah mich mit bernsteingelben Augen an.

Im Haus regte sich nichts, jedes Geräusch, das ich selber verursachte, war sehr laut. Ich ging in mein Zimmer, legte mich aufs Bett und starrte zur Decke hinauf.

Irgendwann wurde mir bewußt, daß ich nicht mehr allein im Haus war. Mein Vater war heimgekommen. Ich hörte seine Schritte im Flur, dann in der Küche und im Wohnzimmer. Er rief nach mir. Ich gab keine Antwort. Ich hätte nicht heimgehen sollen, ich wollte meinen Vater jetzt nicht treffen. Ich konnte jetzt nicht mit ihm sprechen. Er ging vom Wohnzimmer wieder in die Küche und machte sich dort zu schaffen, vielleicht glaubte er, daß ich nicht daheim war. Nach einer Weile knarrte die Wohnzimmertür ein zweitesmal. Ich wartete, ich lauschte, hörte aber nichts. Wahrscheinlich hatte sich mein Vater in den Lehnstuhl gesetzt und las die Zeitung.

Ich glitt vom Bett, drückte die Klinke vorsichtig nieder und wollte über den Gang zur Haustür schleichen. Die Wohnzimmertür stand aber offen, und mein Vater sah mich.

„Ich gehe zu Madge, Pa", sagte ich.

Mein Vater hatte den Rock ausgezogen und die Krawatte gelockert, in der Hand hielt er die aufgeklappte Zigarrendose. „Zu Madge willst du gehen?" fragte er. „Warum denn? Es ist Zeit zum Essen."

Ich wandte das Gesicht ab. Er kam zu mir. „Noreen", fragte er, „ist was passiert?"

„Nichts", sagte ich. „Nichts! Gar nichts!"

Ich fing zu weinen an. Ich wollte nicht weinen, aber das Weinen war stärker als ich. Mein Vater faßte meine Hand. Er führte mich zum Sofa. Ich ließ es zu, daß er mich hinführte. Er setzte sich neben mich und sagte, ich sollte ihm alles erzählen, und ich erzählte es ihm.

Als ich zu Ende war, nahm er die Brille ab, hielt sie in den Händen und legte die Bügel zusammen, schaute suchend umher und steckte die Brille umständlich in das Etui, das auf dem Tischchen neben dem Sofa lag. Er zog die Krawatte fest, holte den Rock und zog ihn an.

„Noreen!" sagte er.

Ich blickte auf.

„Ich gehe zu den Cassidys. Kann ich dich allein lassen? Ich bin bald wieder zurück."

„Pa!" schrie ich. „Madge hat nicht gewollt, daß ich was damit zu tun habe. Sie hat immer gesagt, ich soll mich raushalten!"

„Es wäre nicht die richtige Zeit, ihr Vorwürfe zu

machen, wenn du meinst, daß ich das tun will“, antwortete mein Vater.

„Warum gehst du dann zu ihr?“

„Weil sie jemanden brauchen wird.“

„Ich komme mit, Pa!“

„Nein, Noreen! Das ist nichts für dich.“

„Wenn du mich nicht mitnimmst, dann geh ich allein hin. Pa, versteh doch ... ich muß zu Madge!“

Er sah mich nachdenklich an und nickte dann. „Aber wasch dir zuerst das Gesicht“, befahl er. „Wenn Rosie dich so sieht, redet morgen die ganze Straße über dich.“

Ich ging ins Badezimmer und hielt das Gesicht unter den kalten Wasserstrahl. Das Wasser brannte auf der Haut. Als ich mich abtrocknete, sah ich mein Gesicht im Spiegel, es war noch immer rot und verschwollen.

Bevor wir gingen, brachte mir mein Vater eine Weste. „Es ist kühl geworden“, sagte er. Ich stolperte hinter ihm aus dem Haus, mir war es gleichgültig, ob Rosie mich mit dem verschwollenen Gesicht sah. Sie war aber nicht da. Der Kater hockte jetzt auf ihrer Türschwelle, leckte sich das Fell, hob den Kopf, sobald er unsere Schritte hörte, und gähnte gelangweilt.

Die Wolkendecke am Himmel hatte sich wieder geschlossen. Während ich im Haus gewesen war, mußte es stärker geregnet haben, das Pflaster war naß. Obwohl um diese Jahreszeit die Dämmerung sonst spät einsetzt, war es schon düster. Die bunten Reklamelichter einer Gastwirtschaft warfen rote und blaue Lichtpfützen auf den Gehsteig. Als wir in die Chandlers Lane einbogen, wurde die Straßenbeleuchtung eingeschaltet. Die Laternen flammten auf. Tote Mücken und Ruß fleckten die milchigen Lampengläser.

Im Haus Nummer Vier hatte ich das Gefühl, etwas wäre anders als sonst, hätte sich verändert. Über den Grund wurde ich mir aber erst klar, als wir die Treppe hinaufstiegen. Außer Tommy Evans, seiner Mutter und dem alten Mann im Parterre kümmerte sich für gewöhnlich niemand darum, ob ich kam oder fortging. Diesmal aber flüsterten Stimmen, öffneten sich Türen, raschelten Kleider, das Stiegengeländer im Stock oben war voll Neugieriger, die sich darüberlehnten und auf uns herunterblickten.

Die Küche der Cassidys war nicht abgeschlossen, aber weder Madge noch Peadar waren da. Ich lief zu Michael hinüber. Auf dem Tisch lagen seine Bücher, daneben stand eine halbleere Milchflasche, nichts deutete darauf hin, daß er heimgekommen war.

Ich wollte rasch wieder in die Küche, aber unten am Treppenabsatz hatte sich nun Mrs. Evans aufgestellt, in einem formlosen verschlissenen Schlafrock. „Willst du zu den Cassidys?“ fragte sie und kam flink die Treppe heraufgelaufen. Ihre nackten Füße steckten in abgetretenen Pantoffeln, der Schlafrock schlenkerte um ihre Beine. Sie bückte sich und hob den schmutzigen Saum hoch, trat dicht an mich heran und flüsterte mir zu: „Die Polizei war hier. Ich bin gerade am Herd gestanden, da habe ich sie raufgehen hören. Und dann sind sie wieder heruntergekommen und haben Madge und Peadar mitgenommen. Die arme Madge!“ Ihre Stimme war bei jedem Wort lauter geworden, jeder konnte sie hören, im Stockwerk über uns und unten im Parterre. Eine Nadel rutschte langsam aus ihrem

Haarknoten. „Kannst du mir sagen, was los ist?" Sie tuschelte wieder, aber immer noch laut genug für jene, die sie hören wollten.

In diesem Augenblick klirrte es in ihrer Wohnung, etwas fiel scheppernd auf den Boden. Das Baby fing zu weinen an, der kleine Tommy plärrte. „Jesus, die Kinder!" rief Mrs. Evans, raffte den Schlafrock hoch und stürzte die Treppe hinunter. Die Haarnadel blieb auf der obersten Stufe liegen.

Ich flüchtete in die Küche. „Pa, was sollen wir tun?" sagte ich. „Mrs. Evans behauptet, die Polizei hat Madge und Peadar geholt."

„Warten!" antwortete er. „Vielleicht läßt man sie bald wieder gehen."

Mein Vater setzte sich auf die Bank, holte die Zigarrendose aus der Rocktasche und nahm eine Zigarre heraus. Er schnipste das Ende ab, zündete sie aber nicht an.

„Noreen . . ."

„Ja, Pa?"

„Wenn Jimmy oder Donal etwas zugestoßen ist, dann hat man Madge und Peadar deshalb geholt."

Ich nickte nur.

Dann warteten wir. An der Wand über uns tickte die Uhr. Auf der Anrichte gegenüber stand der alte Teekessel mit der Delle, die von damals stammte, als Madge ihn auf den Herd fallen ließ. Mein Vater hatte die Zigarre angezündet und rauchte. Einmal stand er auf, nahm aus dem Geschirrschrank eine Untertasse und klopfte die Asche von der Zigarre hinein. Der Rauch stieg bis zur Decke und verdichtete sich oben um die Lampe. Das Fenster spiegelte den Herd, den Teekessel und ein Stück der Tischkante. Im Haus wurde es nach und nach immer stiller. Die Zeit tickte vorüber.

„Es ist schwül hier“, sagte mein Vater.

Wir öffneten das Fenster. Es war finster geworden. Eine Weile standen wir da und schauten hinaus. Die Feuermauer ragte dunkel und formlos in den sternlosen Himmel. Aus einem Fenster im Erdgeschoß fiel durch eine Vorhangritze ein dünner Lichtpfeil in den Hof.

Die Nachtluft strömte kalt herein. Mich fröstelte. Mein Vater schloß das Fenster, und wir setzten uns wieder. Die Zigarre war ausgegangen, ein breiter Aschenring fiel herunter, als mein Vater sie von der Untertasse nahm. Er strich ein Zündholz an.

„Als ich so alt war wie du“, sagte er, „da saßen deine Großmutter und ich oft beisammen wie wir beide jetzt und warteten.“

„Worauf, Pa?“

„Daß Soldaten kamen. Oder Polizei. Oder Leute von der Hilfstruppe. Die waren ärger als die anderen. Irgend jemanden schleppten sie immer mit. Beim Osteraufstand war es am schlimmsten. Nachher ging ich nach England, ich hatte genug davon.“

Er lehnte sich zurück, sah dem Rauch nach und blinzelte müde. „Als der Bürgerkrieg ausbrach, fuhr ich nach Dublin zurück und holte die Großmutter. In ihrem Haus lebte ein Freund von mir, er hieß Johnny MacBride. Wir waren miteinander in die Schule gegangen. Im Bürgerkrieg kämpfte er für die Regierung. An einem Abend kamen ein paar Männer und nahmen ihn mit. Ich kannte sie von früher, es waren IRA-Männer. Sie behaupteten, Johnny sei ein Verräter, führten ihn fort und erschossen ihn. Ich habe ihm nicht geholfen. Ich konnte ihm nicht helfen, sie waren bewaffnet und ich nicht."

Mein Vater hatte vergessen, die Zigarre abzustreifen, die Asche stäubte auf seine Hose. Er wischte sie weg.

„Warum hast du mir das nie erzählt, Pa?" fragte ich.

„Ich wollte nicht, daß ihr so etwas kennenlernt. Ihr solltet nicht so aufwachsen wie ich. Deshalb verbot ich der Großmutter, von Irland zu reden."

„Sie hat mir aber von Irland erzählt, Pa!"

Im Haus regte sich nichts mehr, vielleicht schliefen schon alle. „Bist du nicht müde?" fragte mein Vater nach einer Weile. „Komm, leg dich auf die Bank!"

Ich schüttelte den Kopf. Trotzdem machte er mir Platz, ich zog die Beine hoch und legte den Kopf auf seinen Schenkel. Das Licht der Lampe blendete mich, ich schloß die Augen. Das Ticken der Uhr wurde schwächer. Ich hörte es immer mehr aus der Ferne, wollte mich zwingen, wach zu bleiben, war aber dazu nicht imstande.

Eine jähe Bewegung meines Vaters und ein Geräusch von draußen weckten mich wieder. Ich fuhr benommen in die Höhe. Madge kam die Treppe herauf, ich kannte ihre Schritte. Sie öffnete die Tür, blieb auf der Schwelle stehen und sah uns an. Sie sagte: „Es ist mein Jimmy, der daran glauben hat müssen."

11

Der Flur war finster, Madge hatte beim Heraufgehen das Licht nicht angezündet. Wir waren aufgestanden, sie ging zur Bank und ließ sich schwerfällig darauf nieder. Die grauen Strähnen hingen ihr ins Gesicht. Sie hatte die Hände in den Schoß gelegt, faltete und öffnete sie ununterbrochen.

„Noreen", flüsterte mir mein Vater zu, „weißt du, wo es hier irgend etwas zu trinken gibt?"

„Im Schlafzimmer. Im Schrank", antwortete ich. „Da ist eine Flasche Gin."

„Bring sie mir", bat er.

Als ich ein Glas gefüllt hatte, drückte er es Madge in die Hand. „Nehmen Sie einen Schluck", sagte er, „das wird Ihnen gut tun." Seine Stimme klang anders als sonst, so hatte er früher immer mit der Großmutter gesprochen.

Madge hielt das Glas eine ganze Weile in der Hand, dann führte sie es an den Mund und trank, verschluckte sich und mußte husten. Sie sah uns an, als würde es ihr erst jetzt bewußt, daß wir hier waren. Ihre Lippen bewegten sich, sie brachte aber kein Wort heraus. Sie trank noch einmal. Schließlich stellte sie das Glas auf den Tisch. „Ich habe nicht erwartet, Sie hier zu treffen, Richard Bailey", sagte sie wie entschuldigend.

„Noreen hat mir alles erzählt", sagte mein Vater.

„Sie hätten Noreen nicht mitnehmen sollen. Die Polizei war hier", antwortete Madge.

Ihre Hände waren jetzt ganz ruhig. Sie blickte starr gerade aus. „Sie haben mich zu Jimmy gebracht. Haben mich gefragt: Madge Cassidy, ist das Ihr Neffe James Finnigan? Ich habe gesagt, ja, das ist der Sohn meiner Schwester. Und mein Jimmy liegt da, und nirgends ist ein Kreuz, und keiner hat eine Kerze angezündet. Sie haben mich wieder fortgeführt. Sie haben mich nicht bei ihm gelassen. Und wie er gestorben ist, bin ich nicht bei ihm gewesen. Niemand ist bei ihm gewesen. Kein Priester hat ihn getröstet."

Sie hatte langsam gesprochen, einen Satz nach dem anderen, ohne eine Pause zu machen. Ihre Augen waren trocken. Nur ihr rechtes Lid zuckte. Irgendein Nerv zuckte dort und wollte sich nicht beruhigen. Sie nahm wieder einen Schluck und verschüttete ein wenig Gin dabei. „Peadar haben sie dortbehalten", sagte sie.

Die Uhr tickte. In der Küche knackte es. In alten Häusern knackt es oft irgendwo in den Mauern.

„Und Donal ..." sagte ich.

Madge antwortete nicht. Ich hatte sehr leise gesprochen und glaubte, sie hätte mich nicht gehört, doch auf einmal sagte sie: „Sie haben ihn erwischt. Aber er lebt wenigstens!"

Ihre Lippen zitterten, sie kämpfte darum, das Gesicht in ihre Gewalt zu bekommen. Mein Vater zog den Stuhl heran, setzte sich, beugte sich vor und nahm sie bei der Hand. Es dauerte sehr lange, bis sie sich beruhigt hatte. Und dann dauerte es wieder lange, bis mein Vater zu sprechen begann.

„Madge", sagte er, „ich muß Sie etwas fragen. Es ist wichtig. Haben Sie irgendwas in der Wohnung, das die Polizei nicht finden darf?"

Sie antwortete wieder nicht sofort.

„Nichts“, sagte sie dann.

„Kein Paxo?“

„Nicht ein Stäubchen.“ Ihre Stimme war wie immer. „Machen Sie sich keine Sorgen um mich und Peadar, Richard Bailey. Es sind die anderen, an die man denken muß. Heilige Mutter Gottes, da sitze ich und rede und vergesse Mickey! Ich muß zu ihm rüber.“

„Er ist nicht da, Madge“, sagte ich. „Er ist schon den ganzen Abend nicht da.“

„Glauben Sie, daß die Polizei auch ihn sucht?“ fragte mein Vater.

„Das fürchte ich“, antwortete Madge.

„Er hat nichts getan!“ rief ich. „Er hat nur Jimmy und Donal warnen wollen.“

„Aber sie haben sein Fahrrad, Noreen! Als ich dort war, haben sie es mir gezeigt und mich gefragt, ob ich weiß, wem es gehört. Ich habe gesagt, wie soll ich das wissen. Da hat einer gesagt, dem das Rad gehört, der hätte eine Bombe gehabt, und ich sollte gut nachdenken, ob es mir nicht doch einfiele, wer er sei.“

„Er hatte keine Bombe, Madge! Wieso behaupten sie dann, daß er eine gehabt hat?“

„Ich weiß es nicht, Noreen“, antwortete sie. „Wie soll ich es wissen?“ Sie fuhr sich mit der Hand ins Haar und zerrte an den grauen Strähnen.

Mein Vater machte mir ein Zeichen, daß ich schweigen sollte. Madge hörte auf, an den Strähnen zu zerren, zog sich die Bluse am Hals zusammen. „Kalt ist es hier“, murmelte sie.

„Legen Sie sich nieder, Madge“, sagte mein Vater. „Sie brauchen ein wenig Ruhe. Wegen Michael machen

Sie sich keine Gedanken. Noreen und ich bleiben hier, und wenn er kommt, wecken wir Sie.“

Madge schüttelte den Kopf. „Sie meinen es gut“, antwortete sie, „aber heute ist keine Nacht zum Schlafen für mich. Und nun gehen Sie heim mit Ihrer Noreen, sonst wird es ihr zuviel. Ich steh’s schon durch.“

Als sie sah, daß mein Vater zögerte, erhob sie sich. „Ich möchte auch allein sein mit meinen Gedanken“, erklärte sie, jetzt sehr ruhig. „Das verstehen Sie doch?“

„Ja“, antwortete mein Vater. „Wenn Sie mich aber brauchen, Madge, schicken Sie einen der Nachbarn zu mir.“

„Gut, das verspreche ich“, sagte sie. „Sei nicht traurig wegen Donal, Noreen. Er ist nicht der erste Ire, der ins Gefängnis muß, und eines Tages wird er wieder freikommen.“

„Und Michael, Madge?“

„Um den hab bloß keine Angst. Er ist ein gescheiter Junge und wird schon wissen, was er tun muß, wenn die Polizei hinter ihm her ist. Bestimmt hat er sich bei einem der Unsrigen versteckt.“

Sie umarmte mich und schob mich zur Tür. Als wir die Treppe hinuntergingen, drückte sie mir die Hand. Es kam mir seltsam vor, daß Madge mich trösten wollte, es hätte umgekehrt sein sollen. Die Treppenlampe leuchtete trüb, jede Stufe knarrte und ächzte durch das stille Haus, in dem alle schliefen bis auf uns.

Dann standen mein Vater und ich auf dem Gehsteig, und Madge versperrte die Tür hinter uns. Keines der Fenster war mehr hell, es mußte spät in der Nacht sein. Die krummen Laternenmaste säumten die Straße wie stumme Wachtposten. Die Gasstrümpfe in den

Lampen gaben ein mildes Licht, die Winkel aber waren schwarz.

Als wir um die Ecke der Chandlers Lane bogen, trat ein Polizist aus dem Schatten der Häusermauern, kam auf uns zu, musterte uns im Vorübergehen und schritt weiter. In einer der nächsten Straßen hielt mein Vater ein Taxi an, das langsam eine Runde fuhr. Wir stiegen ein und brauchten nur wenige Minuten nach Hause.

„Willst du bei mir im Zimmer schlafen?“ fragte mein Vater, sobald wir daheim waren.

„Ja, Pa“, sagte ich.

Er zog die Vorhänge zu, während ich mich auszog. Nur die kleine Nachttischlampe brannte. Das Bett meiner Mutter war größer als meines; ich grub den Kopf ins Kissen.

„Dreh das Licht nicht ab“, bat ich, „laß es brennen.“

Mein Vater zog sein Taschentuch heraus und breitete es über den Schirm, damit der Schein der Lampe mich nicht blendete. Dann wandte er sich zur Tür.

„Bleib da! Bitte!“

„Ich bin gleich wieder da“, versicherte er. „Ich hole dir nur etwas, damit du schlafen kannst.“

Er ging ins Badezimmer, drehte den Hahn auf. Das Wasser rauschte. Gleich darauf kam er mit einem Glas in der Hand zurück, setzte sich neben mich aufs Bett und gab mir eine Tablette. Ich schluckte sie und trank das Glas leer.

„Pa“, sagte ich, „im Viktoria-Bahnhof, der kleine Junge auf der Bahre — der war ganz blutig im Gesicht.“

„Denk nicht mehr dran“, sagte mein Vater.

Er blieb neben mir sitzen. Nach einer Weile fragte er: „Kann ich jetzt das Licht abdrehen?"

„Ja, Pa."

Das Zimmer meiner Eltern führt nach hinten, nicht zur Straße. Sobald die Lampe gelöscht war, war es ganz dunkel. Mein Vater lag neben mir in seinem Bett. Ich dachte an Jimmy und an sein Kalb, das er Flann hatte nennen wollen, ich dachte an Michael, der nicht heim durfte, ich dachte an Donal, der in einer Zelle eingesperrt war. Ich glaubte, nie einschlafen zu können und schlief doch ein.

12

Als ich am Morgen wach wurde, war mir sofort wieder alles bewußt. Das Bett meines Vaters war leer, die Decke war unordentlich zurückgeschlagen, und das Kissen zeigte noch deutlich den Abdruck seines Kopfes. Durch die Vorhänge sickerte Licht. Ich schaute auf den Wecker, es war zehn Uhr vorbei. Mein Vater mußte längst im Büro sein.

Ich setzte mich auf, zog die Knie an, verschränkte die Arme darum und starrte vor mich hin. Jimmy war tot und Donal verhaftet. Ob Madge schon wußte, was mit Michael geschehen war? Ich verstand nicht, wieso die Polizei sein Fahrrad hatte und warum sie ihn suchten. Wenn ich in die Chandlers Lane ging, konnte ich Madge fragen, aber ich brachte nicht die Energie auf, aus dem Bett zu steigen.

Schließlich tat ich es doch. Ich schlug die Vorhänge zurück. Über Nacht hatte es aufgeklart, nicht eine Wolke war mehr am Himmel. Unter dem Fenster pfiff eine Amsel. Ich zog mich an. Die Schließe meiner linken Sandale spießte, ich brauchte lange, bis der Riemen endlich festsaß. Als ich auf den Flur hinaustrat, hörte ich Stimmen aus dem Wohnzimmer. Mein Vater war doch da, er sprach mit jemandem. Die zweite Stimme kannte ich nicht. Was hatte ein Fremder an diesem Morgen bei meinem Vater zu tun? Ich glaube, ich hatte Angst — Angst, daß es einer von der Polizei war. Trotzdem ging ich rasch ins Wohnzimmer.

Am Tisch saß der Mann mit der Schirmkappe. Ich hatte ihn zweimal gesehen: das erstemal, als er Donal die braune Aktenmappe in die Hand drückte, das zweitemal, als er aus dem Haus der Cassidys kam. Er war nicht so leicht mit jemand anderem zu verwechseln.

„Noreen“, sagte mein Vater, „das ist Charlie Conolly. Er kommt von Madge.“

Charlie Conolly saß sehr aufrecht da, die Schirmkappe auf den Knien, und musterte mich ruhig. „Ich soll dich von Michael Conway grüßen“, sagte er.

„Von Michael?“

„Ja.“

„Ist er bei Madge?“

„Nein. Da hätte ihn die Polizei schon geschnappt. Die kamen heute früh und wollten ihn holen.“

„Wo ist er denn?“

„So Gott will in Sicherheit. Auf einem Fischkutter unterwegs nach Irland. Wir haben ihn noch nachts aus London rausgebracht. Der Kapitän ist einer der Unseren. Mickey ist nicht der erste, den sie von Irland aus nach Amerika schmuggeln.“

Durchs Fenster fiel ein Sonnenviereck ins Zimmer, es teilte den Tisch in eine dunkle Hälfte und in eine helle. Conollys Kappe war braun kariert, der Schirm abgegriffen und fleckig.

„Michael hat nichts getan!“ sagte ich.

„Ja. Aber er kann es nicht beweisen.“

„Ich verstehe das nicht! Wieso hatte Michael eine Bombe? Wieso ist Jimmy tot?“

„Jimmys Bombe ist explodiert, und da hat es ihn erwischt, Noreen.“

„Ich habe einen Wecker für Jimmy gekauft", sagte ich. „Einen Smith-Wecker. Damit man die richtige Zeit einstellen kann. Donal sagte, sie sollte in der Nacht explodieren. Warum ist die Bombe explodiert, wenn Jimmy noch da war?"

„Es ist eben nicht alles so gegangen, wie es hätte gehen sollen", antwortete Charlie Conolly. „Jimmy hatte das Ding in einem Koffer, in so einem schäbigen Hartfaserkoffer, wie es hunderte gibt. Er sollte ihn in der Gepäcksaufbewahrung abgeben. Aber wie er hingekommen ist, stand dort die Polizei und schaute in jeden Koffer und in jede Tasche. Jimmy hat Angst bekommen und ist davongelaufen. Sie sind ihm nach, und da hat er den Koffer weggeworfen. Das hätte er nicht tun sollen, er hätte dran denken sollen, daß so ein Ding keine große Erschütterung aushält."

Conolly schwieg.

„Erzählen Sie Noreen nur, wie es war", forderte ihn mein Vater auf. „Sie weiß schon mehr als genug, sie kann ruhig alles erfahren."

Conolly fingerte an seiner Kappe herum, drehte sie in den Händen und legte sie wieder auf die Knie. „Wenn Sie meinen", sagte er zögernd, „daß unsere Leute Ihre Tochter nicht hineinziehen hätten dürfen . . ."

„Das können Sie nicht mehr ändern, und ich kann es auch nicht. Vielleicht ist sie nicht erwachsen genug dafür . . . aber wie alt waren Sie selber, als man Ihnen das erstemal ein Gewehr in die Hand gab?"

„Fünfzehn", sagte Conolly und betrachtete seine Kappe.

„Genauso alt ist Noreen. Also sagen Sie es ihr!"

So habe ich alles erfahren. Manches wußte ich schon, manches wußte ich nicht. Jener MacNeela, den man verhaftete hatte, war Hauptmann der IRA. Er hatte das Attentat im Viktoria-Bahnhof geplant und Jimmy und Donal und den Mann, der Rory hieß, dafür ausgewählt. In MacNeelas Wohnung fand die Polizei Pläne und Aufzeichnungen. Nachdem MacNeela abgeführt worden war, schickte seine Frau ihren kleinen Jungen zu Conolly, weil sie hoffte, daß er die anderen noch rechtzeitig warnen konnte. Als der Junge kam, war Michael zufällig bei Conolly. Michael fuhr zu den Cassidys, Charlie Conolly zu Rory. Es war aber zu spät gewesen. Rory hatte bereits Jimmy und Donal getroffen und ihnen einen Koffer und ein Paket übergeben. In dem Koffer und in dem Paket waren Sprengkörper verpackt, die nachts in der Gepäckaufbewahrung des Viktoria-Bahnhofs explodieren sollten. Jimmy ging als erster in die Bahnhofshalle, Donal wartete noch einen Augenblick vor dem Eingang. Zu diesem Zeitpunkt war der Bahnhof aber schon von Polizei und Kriminalbeamten besetzt.

„Als Mickey zum Bahnhof gekommen ist, Noreen", erzählte Conolly, „hat er Donal mit dem Paket vor dem Eingang gesehen. Er ist zu ihm hin und hat ihm zugeflüstert, daß MacNeela verhaftet worden ist. Jimmy war schon im Bahnhof drinnen. Mickey hat das Paket genommen und Donal zu Jimmy geschickt. Dann wollte Mickey mit dem Paket wegfahren, aber da waren ein paar Polizisten in Zivil, die hatten die zwei beobachtet. Als Donal in den Bahnhof hineinging, haben sie ihn verhaftet. Mickey wollten sie auch anhalten, aber grad in dem Augenblick hat Jimmy den Koffer weggeworfen und die Bombe ist explodiert. Mickey hat mir gesagt, wenn nicht eben vorher ein Zug gekommen wäre, dann hätte er es nie geschafft, aber so hat er in der Menge verschwinden können. Das Fahrrad und das Paket hat er aber zurücklassen müssen."

„Er hätte nicht fliehen sollen", sagte mein Vater.

„Einer unserer Leute", antwortete Conolly, „wurde verurteilt, nur weil er die Papiersäcke gekauft hat, in denen Paxo war."

Im Vorgarten lockte Rosie Smith wieder einmal ihren Kater. Ich hörte Tabby maunzen, er strich durch das Beet vor unserem Fenster. Eine Amsel — vielleicht war es die gleiche wie vorhin — fing aufgeregt zu zetern an und flatterte davon.

„Darf Michael nie wieder nach Irland zurück?" fragte ich.

„Es sind schon viele ins Ausland geflohen und wieder heimgekommen", antwortete Conolly.

„Wenn er nach Amerika muß, dann kostet es doch viel Geld. Und er hat keins!"

Mein Vater fuhr mit dem Finger die Linie zwischen Hell und Dunkel auf dem Tisch nach, blickte auf und sah mich an. „Wenn Sie etwas brauchen, Mr. Conolly, dann sagen Sie es Madge", erklärte er.

„Das werde ich tun, und ich danke Ihnen für Ihr Angebot."

„Und was ist mit dem Smith-Wecker?"

„Ich habe eben gehört", antwortete Conolly bedächtig, „daß Noreen ihn für Jimmy kaufte."

„War er im Koffer oder im Paket?"

Zum erstenmal sah ich Charlie Conolly lachen. „Er

liegt bei mir daheim, und ich schwöre Ihnen, daß ihn keiner unserer Leute in die Hände bekommt. Ich kenne einen, der hat ein Dutzend Kinder und nicht einmal eine Uhr im Haus, und mit der Politik hat er noch nie was zu tun gehabt. Dem schenke ich den Wecker."

Charlie Conolly setzte die Kappe auf und meinte, er müsse nun gehen. Als wir allein waren, fragte ich: „Pa, wieso bist du noch nicht im Büro?"

„Ich habe mir heute freigenommen", erwiderte er.

Wir frühstückten in der Küche. Mein Vater hatte auf mich gewartet, er bestand darauf, daß ich etwas aß, strich mir Butter und Honig aufs Brot und sagte, er wolle vor dem Mittagessen zu Mr. Holland gehen. Mr. Holland war ein Rechtsanwalt, den mein Vater seit vielen Jahren kannte. Peadar wurde noch immer von der Polizei festgehalten, und mein Vater war überzeugt, daß man ihn freilassen mußte, wenn nichts gegen ihn vorlag.

„Und wenn sie was rausgefunden haben, Pa?"

„Dann bekommt ihn vielleicht Mr. Holland gegen eine Kaution frei.

„Kann er das auch für Donal tun?"

„Nein, das glaube ich nicht."

Ich legte das Honigbrot weg. In meiner Tasse war noch ein Rest Tee. Unten, auf dem Boden der Tasse, hatte sich ein trüber Satz gebildet. Mein Vater schob mir das Brot wieder zu. Ich nahm einen Bissen, kaute mühsam und brachte es kaum über mich, zu schlucken. „Was geschieht mit Donal?" fragte ich.

„Ich hoffe, daß er nur ein paar Jahre Gefängnis bekommt."

Ich starrte in meine Tasse.

„Noreen“, sagte mein Vater, „er mußte damit rechnen. Er wußte es von Anfang an.“

„Seinen Vater haben sie in Belfast erschossen. Und seine Mutter und seine Schwester haben sie mit einer Handgranate getötet.“

„Was hatte der kleine Junge im Viktoria-Bahnhof damit zu tun?“

Jetzt kämpfte ich mit den Tränen. Ich biß ein Stück Brot ab und aß weiter, weil es mir so leichter fiel, das Weinen zu unterdrücken.

„So wie Donal aufgewachsen ist“, sagte mein Vater, „hat er sich vielleicht nicht anders entscheiden können.“

„Ich habe auch mitgetan“, sagte ich.

„Deswegen habe ich mir heute nacht viele Vorwürfe gemacht.“

„Du?“

„Ja.“ Er sah müde aus, die Augen hatten dunkle Ränder, und die Haut der Lider war welk. „Ich wollte mich heraushalten, und ich glaubte, daß ich ein Recht dazu hätte, mein Vater war ja Engländer. Und ich wollte euch heraushalten, dich und Helen und Georgie. Ich habe immer so getan, als gäbe es das alles nicht, ich habe nicht einmal mit euch darüber geredet ... “

Ich spielte mit den Brotkrümeln. Die halbgegessene Schnitte lag neben der Tasse. Honig war auf die Tischplatte getropft, und meine Finger wurden klebrig.

Wir frühstückten schweigend zu Ende. Nachher ging mein Vater zu Mr. Holland, und ich lief in die Chandlers Lane. Ich hielt es daheim nicht aus.

Sonst war die Chandlers Lane um diese Zeit am späten Vormittag ziemlich verlassen, bis auf spielende Kinder und ein paar Frauen, die zum Laden an der Ecke gingen. Heute standen vor jeder Haustür kleine Gruppen beisammen. Als ich vorbeiging, verstummten die Leute und starrten mich an, beim Geräusch meiner Schritte tauchten Gesichter in den Fenstern auf. Ich war froh, als ich endlich im Haus drinnen war. Im Flur stieß ich fast mit dem alten Mann aus der Parterrewohnung zusammen, den ich immer nur in einem Lehnstuhl neben dem Herd gesehen hatte. Jetzt stand er vor seiner Wohnungstür, vornübergebeugt, auf einen Stock gestützt. Das Stehen fiel ihm offensichtlich schwer. Ich drückte mich an ihm vorbei, hörte Mrs. Evans Stimme aus dem zweiten Stock und lief die Treppe hinauf. Oben warf ich rasch einen Blick zurück. Der alte Mann war mir nachgehumpelt und stand unten am Treppenabsatz. Ich flüchtete in die Küche.

Madge war nicht da. Eine Weile noch hörte ich Mrs. Evans Stimme, einmal lauter, einmal leiser, aber immer so undeutlich, daß ich kein Wort verstehen konnte. Dann kam sie die Treppe herunter, ihre Schritte verhielten vor der Küchentür, sicher lauschte sie, ob jemand da war. Ich rührte mich nicht. Ihr Kleid raschelte, sie hatte sich wohl vergewissert, daß niemand daheim war, und eilte ins Parterre hinunter.

Irgendwo im Haus pfiff jemand die Melodie eines Liedes, immer wieder die gleiche Melodie. Auf einem Vorsprung der Feuermauer stolzierten zwei Tauben herum, flogen auf und verschwanden aus meinem Blickfeld, nur ihr Schatten zog über den Hof. Wo Madge so lange blieb? Sie schien nicht gefrühstückt zu haben. Um irgend etwas zu tun, füllte ich den

Kessel mit Wasser, stellte ihn auf dem Herd bereit und holte das Brot aus der Anrichte.

Bis ich Madge endlich unten im Flur hörte, wurde es aber Mittag. Sie wechselte ein paar Worte mit dem alten Mann. Ich machte die Tür auf. Mrs. Evans war entweder fortgegangen oder wurde von ihrem Baby aufgehalten, Madge kam ungehindert an ihrer Wohnung vorbei. Sie stieg langsam die Treppe herauf, dabei stützte sie sich mit der Hand auf das Geländer.

Als sie mich bemerkte, lächelte sie. „Ich dachte mir, daß du da sein wirst", sagte sie. „Habe ich dich lange warten lassen?"

„Nein, Madge. Soll ich Tee machen?"

Sie nickte, setzte sich an den Tisch und schnitt eine Scheibe Brot ab. Ich zündete die Flamme unter dem Kessel an, aber als ich Eier in die Pfanne schlagen wollte, sagte Madge, sie wäre nicht hungrig, ein paar Bissen Brot würden ihr genügen.

„Heute früh war die Polizei hier", sagte sie. „Hat dir Charlie erzählt, daß sie Michael holen wollten?"

„Ja, Madge."

„Sie hatten Michaels Fahrrad, zeigten es im ganzen Haus herum, und da kam es natürlich raus, daß es seines war. Aber es half ihnen nichts, denn Mickey war weg. Von hier aus habe ich gehört, wie sie drüben in seinem Zimmer alles auf den Kopf stellten. Dann haben sie die Tür versperrt und sind wieder fort."

Ich dachte an Michaels Bücher. Es tat mir leid, daß ich nicht in sein Zimmer konnte, ich hätte die Bücher nach Hause mitnehmen und ihm später schicken können, sobald ich seine Adresse in Amerika wußte.

„Pa ist zu Mr. Holland gegangen", berichtete ich.

„Der ist Rechtsanwalt, Pa kennt ihn schon lange. Er meint, Mr. Holland kann etwas für Peadar tun.“

„Gott vergelte es deinem Pa, aber um Peadar soll er sich keine Sorgen machen. Er kommt bestimmt bald heim. Als ich heute dort war, sagte mir's einer, so ein junger Bursche, der war gar nicht unfreundlich.“

„Warst du auf der Polizei, Madge?“

„Ich mußte doch nach Peadar schauen! Und für Donal habe ich frische Wäsche mitgenommen und so Kleinigkeiten, die er braucht.“

Das Wasser kochte, ich goß Tee auf und schenkte Madge ein. Sie hatte ein kleines Stückchen Brot abgebrochen, es aber wieder weggelegt, ohne zu essen. Eine Fliege summte, ließ sich auf die Tischplatte nieder, lief ziellos hin und her, fand einen Brotkrümel, streckte den winzigen Rüssel aus, flog wieder auf, umsummte und umkreiste uns.

Schließlich verrührte Madge ein wenig Milch und Zucker in den Tee und begann zu trinken. „Noreen“, sagte sie, „als ich dort war, haben sie Donal hereingeführt. Er hat mich um Verzeihung gebeten für das, was er und Jimmy getan haben. Laut und deutlich hat er es gesagt, damit jeder es hören konnte und sie glauben sollten, Peadar und ich hätten nichts davon gewußt und hätten nichts damit zu tun.“

Sie scheuchte die Fliege weg, die sich auf das Brot gesetzt hatte, und fuhr fort: „Ich habe ihm ein Kreuz auf die Stirn gezeichnet und gesagt: Ich wollte, auch mein Jimmy könnte so vor mir stehen wie du, Donal. Er hat kein Wort gesagt, ist nur dagestanden und hat mich angesehen, und bestimmt hat er gedacht, ich sollte stolz sein auf Jimmy, weil er für die gute Sache gestorben ist. Aber“, setzte sie fast heftig hinzu, „ich kann nicht so denken wie Donal.“

Ich betrachtete das rote und blaue Muster des Wachsleintuches. An der Tischkante war die Wachsschicht brüchig, und die Farben waren vom langen Gebrauch abgewetzt. Wo ich saß, hatte jemand beim Brotschneiden ein paar Schnitte in das Tuch gemacht. Ich strich mit der Hand darüber, jeder Schnitt war ausgefranst und fühlte sich rauh an.

„Von mir hat er gar nichts gesagt“, fragte ich.

„Wo denkst du hin!“ antwortete Madge. „Er wird doch nicht haben wollen, daß die Polizei auch zu dir kommt!“

Ich gab keine Antwort.

„Noreen“, sagte Madge, „ich muß meiner armen Schwester einen Brief schicken, aber mir ist das Schreiben nie leicht gefallen. Willst du es für mich tun? Ich sag dir, was du schreiben sollst.“

„Ja, Madge.“

Sie erhob sich schwerfällig, holte aus dem Schlafzimmer einen Bogen Papier, eine alte Füllfeder und ein Löschblatt, breitete eine Zeitung als Unterlage auf den Tisch und setzte sich dann auf die Bank, die Hände im Schoß gefaltet.

„Bist du so weit, Noreen?“

Ich nickte.

„Dann schreib: Liebe Maisie ...“

Die Spitze der Feder war verbogen, kratzte und spießte und versprühte winzige Tintenspritzer.

„Heilige Mutter Gottes“, murmelte Madge, „wie soll ich es Maisie nur sagen? ... Schreib jetzt: ... Ich wünschte, ich könnte in dieser bitteren Stunde bei dir sein, wenn du meinen Brief liest. Gott hat es gewollt, daß dein Jimmy nicht mehr am Leben ist ... Hast du es, Noreen? Zeig mir's mal!"

Ich reichte ihr das Blatt, und sie hielt es nahe ans Gesicht, ihre Lippen bewegten sich mit, als sie las. Dann ließ sie das Blatt sinken und zerknüllte es.

„Nein!" rief sie. „Das kann Gott nicht wollen, daß so ein Junge wie Jimmy auf einmal tot ist. Ich bin eine alte Frau, da wär's was anderes. Und sie haben mir gesagt, dieselbe Bombe, die meinen Jimmy getötet hat, die hat einem kleinen Jungen ein Bein weggerissen. Nein, Noreen! Gott hat das nicht gewollt!"

Sie glättete das zerknüllte Blatt, starrte es eine Weile an und zerriß es schließlich in kleine Stücke. „Das sind schon wir selber, die schuld daran sind. Ich habe die ganze Nacht darüber nachgedacht, und eine Antwort habe ich nicht gefunden ..." Sie zog das Taschentuch heraus und schneuzte sich.

„Räum alles wieder fort, Noreen", bat sie. „Ich kann Maisie jetzt nicht schreiben. Ich mache eine Brotsuppe, und ein Stückchen Hammelrippe habe ich, das wird uns gut tun. Und wenn Peadar heimkommt, braucht er auch etwas."

Aber als wir das Essen fertig gekocht hatten, war Peadar noch immer nicht da. Wir aßen ein wenig, räumten die Küche auf und warteten dann, wie so oft in den vergangenen Tagen. Madge war sicher, daß Peadar jeden Augenblick kommen würde. Nicht lange danach hörten wir ihn wirklich unten im Flur laut singen:

„In Dublin's fair city,
where girls are so pretty,

I first set my eyes on
sweet Molly Malone ...“

Ein lautes Poltern und ein kräftiger Fluch unterbrachen das Lied.

Madge riß die Tür auf. Peadar war allem Anschein nach ein paar Stufen hinuntergekollert, er hockte auf der untersten Stufe und hielt sich mit einer Hand am Geländer fest. Mrs. Evans war aus ihrer Wohnung gestürzt und rief empört zu Madge herauf: „Da! Sehen Sie! Besoffen wie ein Lord!“

Peadar zog mit der freien Hand die Kappe, schwenkte sie vor Mrs. Evans, wollte aufstehen und fiel wieder auf die Stufe zurück. „Nicht besoffen, liebe Frau! Ganz und gar nicht besoffen!“

Mrs. Evans Stimme wurde noch schriller. „Ihre Frau hätt' was Besseres verdient als so einen!“

„Halt's Maul, alte Hexe!“ fuhr Peadar sie an.

Er wollte aufstehen, kam aber nicht mehr auf die Beine. Aus einer kleinen Platzwunde über der rechten Augenbraue sickerte Blut. Wahrscheinlich war er mit dem Kopf aufs Geländer geschlagen. Madge rannte die Treppe hinunter, faßte ihn unter den Armen und zog ihn hoch. Ich war ihr nachgelaufen. Gemeinsam schoben und zerrten wir Peadar die Treppe hinauf. Er schwankte auf jeder Stufe, torkelte einmal gegen die Wand, dann gegen das Geländer, sang aber unbekümmert weiter:

„... As she wheel'd her wheelbarrow
through streets broad and narrow,
crying Cockles and Mussels!
a-live, a-live oh!“

Seine betrunkene Stimme hallte durchs Treppenhaus; im Gang, im Flur unten, im Stock über uns wurde es lebendig, ich hörte Tuscheln, Kichern und Lachen. Endlich hatten wir ihn in der Küche. Madge schloß die Tür, Peadar wankte und plumpste auf die Bank. Das graue Haar hing ihm in Büscheln ins verschwollene Gesicht. Die Augen blinzelten ständig, als fiele es ihm schwer, seine Umgebung ins Blickfeld zu bekommen. Er mußte auf der Straße schon einmal gefallen sein, denn Rock und Hose waren voll Staub und Schmutz.

„Heilige Jungfrau", sagte Madge, „an so einem Tag und zu so einer Zeit, da der arme Jimmy noch nicht einmal begraben ist, kommt er heim und ist stockbetrunken!"

Peadars Augen füllten sich mit Wasser, er sank in sich zusammen und begann plötzlich zu weinen. Die Tränen tropften ihm auf das kragenlose Hemd. „Madge", stammelte er, „ich hab nicht schlafen können ... hab die ganze Nacht gehorcht ... und draußen sind sie vorbeigegangen ... und wie ich zur Kneipe komme, da habe ich gedacht, ein Glas wird mich wieder aufrichten ..."

„Jesus, der Mann muß seinen Rausch ausschlafen", sagte Madge, „aber ich weiß nicht, ob ich ihn alleine ins Bett kriege. Willst du mir helfen, Noreen?"

Sie faßte Peadar unter den Armen, er schaute sie töricht an, schien aber zu verstehen, was sie wollte, denn er bemühte sich, auf die Beine zu kommen. Nach ein paar Versuchen gelang es ihm. Sein Kopf pendelte hin und her, mein Ärmel wurde naß von Tränen und Rotz.

„Nimm die Decke weg!“ bat Madge, als wir im Schlafzimmer waren. „'s wär doch schade um das gute Stück, wenn er draufliegt.“

Ich hatte gerade noch Zeit, die verblichene Plüschdecke zurückzuschlagen, die Madge jeden Morgen über die Ehebetten breitete, als Peadar auch schon den Halt verlor und ins Bett fiel. Seine Beine hingen über die Kante. Madge kniete nieder, nestelte die verknoteten Schnürsenkel auf, zog die Schuhe aus, hob ihm die Beine hoch und legte sie aufs Bett. Peadar ließ alles mit sich geschehen, schnaufte nur schwer. Sie schob das Kissen unter seinem Kopf zurecht und setzte sich zu ihm.

Peadars Schnaufen wurde leiser, er schloß die Augen. Madge wischte mit dem Schürzenzipfel Speichel und Bierreste von seinem halboffenen Mund und tupfte das Blut von der kleinen Platzwunde.

„Schau mich an, Noreen!“ sagte sie. „So bin ich am Bett meiner kranken Sheila gesessen, als sie mir die Nachricht brachten, daß mein Ältester ins Gefängnis mußte. Und nun ist Jimmy tot und Donal eingesperrt und Michael weiß Gott wo. Und Peadar da, er war nicht immer so, und daß er so geworden ist, ist nicht seine Schuld allein. Ich werde bei ihm bleiben, bis er aufwacht, ein wenig hilft es mir auch selber. Du geh jetzt heim zu deinem Pa, Noreen!“

„Und der Brief, Madge?“ fragte ich.

„Den schreiben wir morgen“, antwortete sie.

Ich ging heim.

13

Als das Wochenende kam, fuhren mein Vater und ich nach Barnmouth. Ich wollte nicht fahren, ich hatte Angst vor Barnmouth, wo alles so sein würde, wie es immer gewesen war. Trotzdem fuhr ich nach Barnmouth, mein Vater und Madge bestanden darauf.

Ma und Helen und Georgie erwarteten uns am Bahnsteig, und Mrs. Brady begrüßte uns, als wir in die Pension kamen. Meine Mutter fand mich verändert und meinte, ich müßte doch ärger krank gewesen sein, als sie gedacht habe. Helen und Georgie waren schon braungebrannt. Am Nachmittag ging ich mit ihnen in die Bucht, vorbei an den kleinen Fischerhäusern, wo es nach Tang, Muscheln und Meer roch. Helen wollte wissen, ob es nicht langweilig in London gewesen sei. Ich sagte, es sei nicht langweilig gewesen.

Ich schwamm allein ins Meer hinaus, schwamm eine Welle nach der anderen an, bis mich vom Ufer niemand mehr sehen konnte. Ich hatte Donal im Gefängnis nicht besuchen dürfen. Er hatte nie nach mir gefragt, und Madge hatte beteuert, es sei um meinetwillen, daß er ihr keinen Gruß für mich auftrug. Das Ufer war weit weg, vor mir dehnte sich das Meer, glitzernd in der Sonne, mit einem Horizont, der nicht näher kam und immer in der Ferne blieb, so weit ich auch schwimmen mochte.

Ich wendete, schwamm zum Ufer zurück, aber nicht zu Helen und Georgie, sondern an den Rand der Bucht, wo die Klippen aufstiegen. Dort wußte ich eine einsame Stelle, so versteckt, daß die anderen Badegäste nie hinkamen. Ich streckte mich zwischen den Steinen in einer kleinen Sandkuhle aus. Der Strandhafer raschelte. Eine Möwe schrie. Die See leckte, mit winzigen Schaumrändern besetzt, an die Klippen. Michaels Wohnung war noch immer von der Polizei versperrt, aber Mr. Holland hatte mir versprochen, sich um die Bücher zu kümmern. Ich wollte sie später Michael nach Amerika schicken. Die Sonne schien auf mich und trocknete den nassen Badeanzug, ich lauschte auf die nie endende Bewegung des Meeres, hörte die Schreie der Möwen.

Irgendwann wurde mir bewußt, daß ich dalag im warmen Sand, ohne an etwas zu denken, beinahe glücklich, und ich erschrak fast, denn ich wollte nicht so schnell vergessen.

Nachwort

Um die irische Frage zu verstehen, muß man einiges über die Geschichte Irlands wissen.

Irland war ein keltisches Land. Die Kelten waren im ersten Jahrtausend vor Christus eingewandert. Um 500 n. Chr. war ihre Christianisierung abgeschlossen, aber die keltische Überlieferung blieb weiterhin lebendig. Es entwickelte sich eine hohe Kultur.

Im 12. Jahrhundert kamen aus England die ersten normannischen Eroberer. Die Iren wehrten sich erbittert. Als sich im 16. Jahrhundert der englische König Heinrich VIII. von der römischen Kirche lossagte, sollten auch die Iren zum neuen Glauben übertreten, sie hielten aber hartnäckig am Katholizismus fest. Die Lage verschlimmerte sich immer mehr. Aufstände wurden blutig niedergeschlagen, der Landbesitz der Rebellen wurde eingezogen. Die wirtschaftliche Entwicklung wurde durch Gesetze unterbunden, Irland durfte zum Beispiel keinen Handel mit den Kolonien betreiben. Fast der gesamte Grundbesitz wurde englischen Lords übergeben, die irischen Bauern wurden zu rechtlosen Pächtern. Dazu kamen noch die sogenannten „Strafgesetze", durch die katholischen Iren die letzten politischen und wirtschaftlichen Rechte entzogen wurden (es war ihnen z. B. jede höhere Schulbildung verwehrt, sie durften kein Land kaufen, usw.). Immer wieder gab es Aufstände.

Um 1800 wurden das irische Parlament aufgelöst und das Vereinigte Königreich von Großbritannien und Irland ausgerufen. Die Unruhen fanden dennoch kein Ende. Die Union wirkte sich nur nachteilig auf Irland aus. Die Katholiken waren noch immer nicht gleichberechtigt, sie waren z. B. vom Wahlrecht ausgeschlossen.

Die verelendete Landbevölkerung lebte hauptsächlich vom Kartoffelanbau. Als die Ernte einige Jahre lang infolge der Kartoffelfäule ausblieb (1845–49), brach eine große Hungersnot aus. Die Bevölkerung wurde um eineinhalb Millionen Menschen dezimiert; sie waren verhungert oder ausgewandert. Gegen Ende des 19. Jahrhunderts wurde die Lage der irischen Pächter allmählich verbessert, zu Beginn des 20. Jahrhunderts kam der englische Grundbesitz wieder in die Hände der irischen Bauern.

Der Wunsch nach Selbstregierung und Loslösung von England (Homerule) wurde immer drängender. 1916 kam es zum Aufstand in Dublin, von radikalen Gruppen wurde die Republik ausgerufen. Nach erbitterten Straßenkämpfen unterlagen die Rebellen. Es folgten Hinrichtungen und Zwangsverschickungen.

1919 traten in Dublin irische Abgeordnete zu einem Nationalparlament zusammen und erklärten die Unabhängigkeit. England antwortete mit verstärktem Druck. 1922 gewährte England den Iren schließlich die Selbstverwaltung, gleichzeitig wurde aber die nördliche Provinz Ulster – als „Nordirland" – abgetrennt. Nordirland erhielt ein eigenes Parlament und blieb bei England.

1949 wurde Südirland zur unabhängigen Republik erklärt.

Mit der Teilung Irlands im Jahr 1922 war der Grundstein für weitere Unruhen gelegt. Es ist ein altes politisches Rezept, die Kontrolle eines besetzten Gebietes durch zuverlässige Kolonisten aus dem eigenen Land zu sichern. In diesem Sinne wurden bereits nach 1600 in Nordirland protestantische Einwanderer aus Schottland angesiedelt. Aufstände der irischen Bevölkerung folgten. In der Schlacht an der Boyne 1690 unterlagen sie, dieser Sieg wird noch heute alljährlich in Ulster von den Protestanten gefeiert.

Neben dem religiösen Gegensatz verstärkten sich in Nordirland auch die sozialen Spannungen immer mehr. Die Kolonisten waren die Landherren, denen die Iren als Landarbeiter dienten.

Ende des vorigen Jahrhunderts, als das Streben nach Selbstverwaltung in ganz Irland immer heftiger wurde, stellten sich die Protestanten im Norden naturgemäß dagegen. Ohne Rückendeckung durch England fürchteten sie die katholische Mehrheit. Sie setzten es durch, daß Ulster von Irland abgetrennt wurde und weiterhin mit England verbunden blieb.

Zu Beginn dieses Jahrhunderts befand sich Ulster in einem bürgerkriegähnlichen Zustand. Der protestantische Freiwilligen-Armee „Ulster Volunteers" standen von katholischer Seite die „Irish Volunteers", die Vorläufer der IRA, der geheimen irischen Republikanischen Armee, gegenüber.

1939 glaubte eine Gruppe der IRA, das irische Problem könnte man durch Bombenterror in England lösen. Die Führer dieser Bombenkampagne gaben damals den Befehl aus, Menschenleben zu schonen. Dennoch gab es Tote.

In Nordirland leben ungefähr eine Million Protestanten und eine halbe Million Katholiken, die politisch und sozial noch immer benachteiligt sind, obwohl es auch auf seiten der Protestanten immer wieder liberale Gruppen gab, die sich für die Rechte der Katholiken einsetzten.

Der Kampf wurde immer erbarmungsloser; die britische Regierung sandte schließlich Militär nach Nordirland, um die beiden Bürgerkriegsparteien auseinanderzuhalten. Die Katholiken warfen jedoch den Militärs vor, daß sie die Protestanten begünstigten. Auch eine Friedensinitiative, die von protestantischen und katholischen Frauen ausging, scheiterte. Die Friedensdemonstrationen fanden in der gepeinigten Bevölkerung gewaltigen Widerhall, aber die radikalen Gruppen auf beiden Seiten schaukelten den Terror nur noch weiter auf. Viele Zivilisten, Männer, Frauen und Kinder, gerieten zwischen die unsichtbaren Fronten, wurden getötet oder verwundet. In den langen Jahren des Bürgerkrieges starben mehr als 3.000 Menschen.

Geht die sinnlose Spirale von Gewalt und Gegengewalt jetzt zu

Ende? Seit Herbst 1994 herrscht Waffenruhe. Die Regierungen in London und Dublin sind um Reformen bemüht, die den Konflikt beilegen sollen. Zum erstenmal lebt die Bevölkerung nicht mehr in Angst vor ständigem Terror. Hoffen wir, daß Nordirland endlich ein dauerhafter Friede gegönnt ist.

Wien, im Frühjahr 1995 *Käthe Recheis*